ASSURANCE

POUR

COMPTE DE QUI IL APPARTIENDRA

PRINCIPALEMENT EN MATIÈRE TERRESTRE

THÈSE POUR LE DOCTORAT

Présentée et Soutenue

le 20 Juin 1899, à 10 heures

PAR

W. DEJUST

PARIS

LIBRAIRIE NOUVELLE DE DROIT ET DE JURISPRUDENCE

ARTHUR ROUSSEAU, ÉDITEUR

14, RUE SOUFFLOT ET RUE TOULLIER, 13

1899

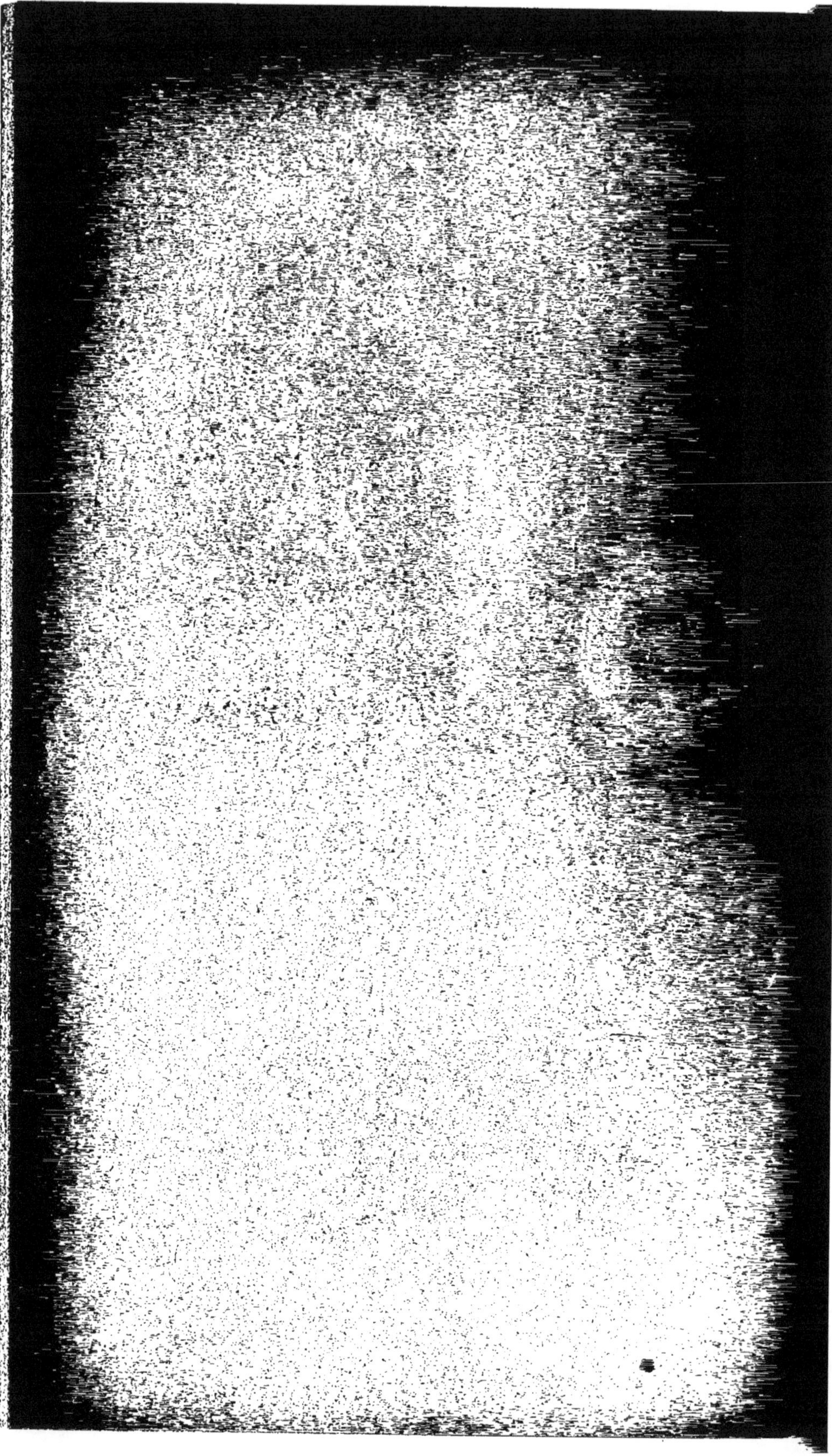

THÈSE POUR LE DOCTORAT

ASSURANCE

POUR

COMPTE DE QUI IL APPARTIENDRA

PRINCIPALEMENT EN MATIÈRE TERRESTRE

THÈSE POUR LE DOCTORAT

*L'acte public sur les matières ci-après sera soutenu
le 20 Juin 1899, à 10 heures*

PAR

W. DEJUST

Président : M. MASSIGLI

Suffragants : MM. THALLER, *Professeur.*
PILLET, *Professeur.*

PARIS

LIBRAIRIE NOUVELLE DE DROIT ET DE JURISPRUDENCE

ARTHUR ROUSSEAU, ÉDITEUR

14, RUE SOUFFLOT ET RUE TOULLIER, 13

1899

AVANT-PROPOS

Le contrat d'assurance est un contrat par lequel une des parties, dite assureur, prend à sa charge, moyennant un prix convenu appelé prime, les risques d'une chose qui appartient à l'autre contractant dénommé assuré et s'engage à l'indemniser si cette chose vient à périr ou à être endommagée.

On a discuté sur la nature du contrat d'assurance, Pothier *(C. d'Ass. n° 4)*, en faisait une vente, dont le prix consiste dans la prime et où la chose vendue est la décharge des risques.

D'autres y ont vu une fidejussion, d'autres encore une gageure ou même un louage ou un mandat.

A notre avis, il est plus vrai de dire que c'est un contrat d'une nature particulière, « *sui generis* », qui a ses règles propres ; l'on peut dire, avec Émerigon, que ce contrat a été créé par la nature des choses.

Le contrat d'assurance est un contrat consensuel et synallagmatique ; chacune des parties, dès que le contrat est formé, a des droits et des devoirs, contre partie de ceux de l'autre contractant.

L'assureur a le droit d'exiger le paiement des primes aux époques convenues et il doit indemniser l'assuré des pertes prévues par le contrat.

De son côté, l'assuré s'engage à payer la prime qui, d'après la jurisprudence, tout au moins en matière terrestre, est quérable et non portable, les compagnies ayant l'habitude d'en faire encaisser le montant par leurs agents. L'assuré, lors de la formation du contrat, doit déclarer tous les risques que peut courir la chose assurée ; et le contrat conclu, il ne doit en rien les augmenter, et cela sous peine de déchéance. Comme contre partie à ses obligations, si un sinistre vient à se produire, il a le droit d'exiger de l'assureur une indemnité calculée d'après la valeur des objets détruits au moment du sinistre.

Il peut arriver que l'assureur, après le réglement du sinistre, ait un recours à exercer contre celui qui en est l'auteur ; cet assureur agira en vertu d'un droit propre, du préjudice qu'il souffre et non pas par l'action que pourrait lui céder l'assuré, auquel cette obligation n'incombe nullement.

Le contrat d'assurance est un contrat à titre onéreux. L'assuré doit une prime, qui constitue pour l'assureur un bénéfice si le sinistre prévu ne se produit pas : l'équivalent de cette prime, c'est l'indemnité promise.

L'assureur qui s'engagerait à verser à l'assuré une

indemnité en cas de sinistre, sans que celui-ci lui paie une prime en retour, contracterait, non pas une assurance, mais bien une donation conditionnelle soumise à toutes les formalités des donations.

Le seul texte du Code civil relatif aux assurances, l'article 1964, range le contrat d'assurance parmi les contrats aléatoires. C'est donc un contrat où les chances de pertes ou de gains dépendent d'un évènement incertain, qui, dans l'espèce, est l'arrivée ou la non arrivée du sinistre prévu.

Mais, en matière d'assurance, ce caractère aléatoire présente ceci de particulier que les chances de gains ne sont que d'un seul côté. Ce n'est donc pas un contrat commutatif, c'est-à-dire un contrat où chaque partie donne l'équivalent de ce qu'elle reçoit.

Deux grands principes dominent tout genre d'assurances.

1° L'assurance ne doit jamais dégénérer en pari. En d'autres termes, l'assuré doit avoir intérêt à la conservation de l'objet assuré.

2° L'assurance est un contrat d'indemnité, qui ne doit jamais être la source d'un bénéfice pour l'assuré.

Par suite, l'assuré ne doit rien toucher au delà de son intérêt, et l'indemnité doit être calculée sur la valeur de la chose au moment du sinistre. Cette considération explique pourquoi l'assureur est admis à discuter, lors du sinistre, la valeur estimative donnée à la chose assurée par la police ; elle a pu, depuis lors, augmenter ou diminuer.

Parmi les causes de déchéances spéciales au contrat d'assurance, il faut signaler celle qui veut que le contrat cesse si le propriétaire de l'objet assuré vient à changer ou si l'objet est déplacé ; car l'assureur, dans la fixation de la prime, a dû tenir compte de ces faits, un propriétaire étant plus ou moins vigilant et un objet étant plus ou moins exposé suivant sa situation.

Pour pouvoir contracter une assurance, il faut avoir la capacité générale d'administrer ; un mineur émancipé pourra donc passer un acte de cette nature ; quant à la femme mariée, elle ne doit pas outrepasser les bornes de la capacité que la loi lui reconnaît : donc elle pourra contracter valablement une assurance, du moment qu'elle pourra administrer : ainsi de la femme marchande publique pour les objets de son commerce, de la femme dotale pour ses biens paraphernaux. Mais il faut ajouter que l'autorisation de son mari lui sera nécessaire, pour poursuivre l'exécution de la police devant les tribunaux.

A cette qualité doit s'en joindre une autre d'une nature plus spéciale. L'on pourrait croire, au premier abord, que le propriétaire seul peut contracter une assurance ; cela serait une erreur ; il faut surtout avoir intérêt à la conservation de la chose assurée ; là est la condition principale.

La qualité de propriétaire suppose cet intérêt ; mais

cette présomption peut disparaître devant les faits ;
alors le droit de faire assurer passe sur la tête de celui
qui, dans la réalité a intérêt à la conservation de la chose.
Peuvent faire assurer la chose, comme le dit Pothier
« non seulement ceux à qui les marchandises appartien-
« nent, et qui en sont propriétaires, mais tous ceux aux
« risques desquels elles sont (1). »

Quelques exemples pratiques viennent éclaircir ce
principe.

L'assureur peut faire réassurer par d'autres les objets
garantis et sur lesquels, il n'a jamais eu aucun droit de
propriété.

En vertu du même principe, peuvent faire assurer,
sans être propriétaires, l'usufruitier des biens appelés à
être l'objet de sa jouissance, le copropriétaire la totalité de l'objet indivis, toute personne jouissant d'un
droit d'usage, d'habitation ou de servitude, le créancier
hypothécaire le fonds grèvé d'hypothèque.

Tous ces cas sont forts nets. Voici quelques exemples
plus douteux.

Il a été jugé que celui, qui, vivant en commun avec
le propriétaire d'une maison, y exerce une industrie
à l'aide d'un mobilier qui lui appartient, a qualité pour
faire assurer l'immeuble en son nom (2). Il faut en dire

---

(1) Pothier. *Cont. d'ass.*, n° 96.
(2) V. *Cass.*, 8 juillet 1873. *B. de M.*, 1re partie, p. 145.

autant du locataire d'une maison, lorsqu'il s'est réservé la faculté de l'acheter à la fin de son bail (1).

Ainsi donc, celui qui a intérêt à la conversation d'une chose a qualité pour la faire assurer.

Nous croyons qu'il était utile de rappeler ces principes très généraux de l'assurance, que nous retrouverons plus loin, avant d'entrer dans l'étude de l'assurance pour compte de qui il appartiendra.

(1) V. *Cass.*, 7 mars 1843. *B. de M.*, Ire partie, p. 27.

ASSURANCE

POUR

COMPTE DE QUI IL APPARTIENDRA

CHAPITRE I

CAS D'APPLICATION DE L'ASSURANCE POUR COMPTE

Le souscripteur ne traite pas dans son intérêt, mais en vue de celui
du propriétaire; exemple : le commissionnaire — Le propriétaire
peut avoir intérêt à ne pas être connu. Cas du détenteur de la chose
d'autrui, ouvrier à façon, dépositaire, manufacturier. — Situation
du courtier de commerce.
Considérations générales sur l'assurance pour compte.

Dans toutes les hypothèses précédentes, quelle était
la situation à examiner ? Deux ordres d'idées : c'était
un tiers qui, ayant un intérêt direct à la conservation
d'une chose mais sans en être propriétaire, la faisait
assurer, en vertu de cet intérêt ; c'est, par exemple, un
créancier qui veut préserver son gage de tout risque,
un usufruitier qui veut mettre son droit d'usufruit à
couvert ; c'est encore un futur acheteur qui ne veut pas

voir disparaître l'immeuble qu'il désire plus tard acheter : tous ces assurés ont un intérêt direct à la conservation de la chose assurée ; l'assurance n'est pas contractée par le propriétaire de la chose exposée aux risques et ne peut lui profiter.

Ou bien, c'était un tiers, qui agissait au nom du véritable propriétaire ; ce tiers ne courait aucun risque ; il
ne voulait que faire l'affaire d'autrui. Mais l'assureur
connaissait le nom du véritable assuré. La police une
fois signée, ce tiers, mandataire légal ou conventionnel,
disparaissait et le contrat produisait tous ses effets entre
l'assureur et le mandant, que le mandataire avait dû
désigner au moment de la signature de la police.

La sphère d'application de la police (1) pour compte de
qui il appartiendra (2) est tout autre. Celui qui la contracte agit bien dans son propre intérêt en ce sens que
si un sinistre vient à se produire, il n'aura aucune
somme à verser, puisque la valeur des choses sinistrées
sera dûe par l'assureur ; mais ce qu'il veut surtout, c'est

(1) Il faut signaler ici une différence entre une police d'assurance
maritime et une police non maritime, fluviale terrestre ou autre. —
La police maritime doit être rédigée par écrit, d'après l'article 332,
C. de Com. ; en matière non maritime, on doit appliquer. suivant
qu'il s'agit ou non d'un acte commercial, soit l'article 109 du code de
commerce soit l'article 1341 du Code civil.

(2) Cette forme d'assurance peut aussi résulter d'autres expressions
telles que : pour compte d'ami, pour compte d'un tiers à nommer,
pour compte des intéressés, pour compte de qui que ce soit, pour
compte de la personne désignée dans le connaissement.

donner toute sécurité au propriétaire des marchandises assurées, il ne connait peut-être même pas ce propriétaire ; qu'importe. Qu'un sinistre vienne à se produire, ce dernier n'aura qu'à se faire connaitre et grâce à la mesure prise par le signataire de la police, il sera indemnisé.

Voici quelques cas d'application de ce genre d'assurance. Un commissionnaire, sachant que des marchandises pourront être déposées chez lui en transit, demande à une compagnie d'assurances de lui ouvrir une police flottante jusqu'à concurrence d'une somme déterminée par les clauses de la police. Grâce à cette précaution, d'une part, le commissionnaire, qui encourt une responsabilité comme détenteur, voit cette responsabilité à couvert ; et d'autre part, les tiers, propriétaires des marchandises déposées, ont toute sécurité, sans avoir à s'occuper de faire assurer eux-mêmes leurs marchandises. Ils évitent ainsi toutes les démarches nécessaires à la signature d'une police, en se déchargeant de ce soin sur le commissionnaire. En outre, ils ont une garantie instantanée, notamment au point d'arrivée des marchandises

Une autre hypothèse se présente dans le cas suivant (1) : il se peut que l'assuré pour compte ait un intérêt fort important à ne pas être connu immédiatement comme étant le propriétaire des marchandises assurées :

____

(1) V. Ruben de Conder. *Dict. de D. com. Ass. mar. n° 97.*

tel est le cas d'un commerçant, qui veut faire la hausse ou la baisse sur une denrée, en accaparant tout le stock actuellement sur le marché ou celui d'un étranger, qui, à ce titre, redoute de payer un prix trop élevé. Tous deux feront contracter une assurance par un commissionnaire, et le secret de leurs opérations sera gardé.

Il se présente des hypothèses où ce genre d'assurance est le seul possible en pratique ; des marchandises peuvent être réunies dans le même magasin, tout en appartenant à de nombreux propriétaires différents ; en outre, ces marchandises peuvent changer souvent, ainsi que les propriétaires eux-mêmes (1). Tels sont les cas des entrepôts, des ouvriers à façon, des manufacturiers, des entrepreneurs de transports ; c'est aussi le cas de tous ceux qui font profession de tenir en dépôt la chose d'autrui, comme les gardes de meubles, de fourrures, les batteurs de tapis. De multiples polices, une pour chaque objet déposé et au nom de chaque propriétaire, seraient impossibles ; comment avertir la compagnie d'assurance du changement de propriétaire ou du déplacement des objets assurés ? L'assurance pour compte de qui il appartiendra intervient pour donner toute sécurité aux déposants.

Et ces hypothèses sont fréquentes en pratique, un

(1) De Courcy. *Com. des Polices françaises,* p. 160, art. 25. « On cite des exemples de cargaisons flottantes qui, dans les fluctuations du commerce, ont été vendues et revendues jusqu'à dix et vingt fois »

manufacturier a dans son usine des marchandises qui lui appartiennent ; mais il peut aussi en avoir que des tiers lui remettent pour être ouvrées. Bien souvent, celui-ci ignore le nom du propriétaire de ces marchandises ; en outre, elles peuvent changer de propriétaire, être vendues, données en gage. Pour éviter toute difficulté, ce manufacturier contractera une assurance pour compte, qui couvrira toutes les marchandises sans distinction se trouvant dans ses magasins.

Et à ce sujet M. de Courcy (1) nous cite un exemple frappant ; c'est celui du carrossier. Celui-ci, en effet, a, en général, dans ses magasins, trois catégories de voitures :

1º Les voitures terminées ou en cours de construction ;

2º Les voitures qu'on lui remet pour être réparées ;

3º Les voitures mises en garde chez lui. Ce sont celles que le propriétaire ne peut garder chez lui faute de place.

Une assurance simple ne rendrait, en l'espèce, aucun service ; le carrossier contracte une assurance pour compte, qui s'appliquera à toute voiture entrant dans ses magasins.

Il est encore possible que ce genre d'assurance intervienne dans un cas où la responsabilité du souscripteur

____

(1) V. M. de Courcy. *Le Droit et les Ouvriers*, p. 111.

de la police ne se trouve nullement engagée: un courtier de commerce peut faire assurer les marchandises de ses clients, non pas parce qu'elles sont dans ses magasins, mais bien pour leur éviter toute démarche, tandis qu'elles sont sur un quai, durant leur chargement ou leur transbordement. Qu'elles viennent à être vendues, l'assurance les suivra dans les mains de leurs nouveaux propriétaires (1).

L'idée qui résulte de ces exemples d'assurance pour compte, c'est qu'elle intervient dans la majorité des cas, à l'occasion d'un dépôt, en prenant ce mot dans son sens le plus large: une marchandise est déposée pour être vendue, transportée ou manufacturée; le tiers qui en est responsable, la fait assurer pour le compte du propriétaire.

Ceci donné, il résulte que l'assurance simple et par suite l'assurance pour compte ont d'abord pris naissance en matière de commerce maritime. Dans l'ancien droit, les seules transactions importantes étaient celles se faisant par mer. A cette époque, en effet, les transports par terre étaient rares, ils étaient gênés de province à province par des lois ou des douanes régiona-

----

(1) De Courcy. *Questions de Droit maritime,* I. p. 380. « Il y a toutes les polices des commissionnaires, des négociants des ports qui reçoivent des consignations, des exportateurs de Paris qui reçoivent des commandes, des maisons de banque qui font des assurances sur connaissements ; il y a jusqu'à des polices de commissionnaires en assurances. »

les. En outre les moyens de locomotion étaient peu pratiques et lents ; quelques canaux et des routes peu nombreuses et mal percées ; mais aucune grande entreprise de transports.

Au contraire, le commerce maritime était plus florissant, les affaires commerciales maritimes plus nombreuses, grâce au nombre des navires à voile et à la marine marchande ; il était naturel qu'il vînt à l'esprit d'un armateur de garantir les propriétaires des marchandises transportées de tout risque de mer, moyennant le versement d'une somme fixée : de ce jour l'assurance était née.

On trouve une preuve de ce fait dans nos lois ; le Code civil parle de l'assurance uniquement pour la classer parmi les contrats aléatoires, entre le pari et la rente viagère ; au contraire, le Code de commerce, qui s'est inspiré de nos anciennes lois maritimes, a tout un chapitre consacré à l'assurance.

L'on peut dire que l'assurance pour compte est presque aussi vieille que l'assurance maritime simple. Ainsi Valin dans son commentaire de l'Ordonnance de 1681 en fait mention.

L'assurance pour compte a passé ensuite en matière terrestre et on lui applique les règles de l'assurance maritime (1). De nombreuses décisions judiciaires,

(1) Comme le dit M. Pardessus : « Quand on voudrait prétendre que les lois sur les assurances maritimes ne sont pas littéralement

parmi lesquelles des arrêts de la Cour de Cassation, sont intervenues pour interpréter cette clause si fréquente en pratique.

applicables aux assurances terrestres, il serait impossible de nier qu'elles doivent les régir comme raison écrite, comme règle d'équité à laquelle les juges ont recours dans le silence des lois ».

CHAPITRE II

L'assurance pour compte n'est pas une stipulation pour autrui ; opinion de M. Lambert. — Elle n'est pas une application du contrat de commission, comme le veut M. Troplong; ni du contrat de gestion d'affaires. — C'est un contrat particulier, d'une nature spéciale. — Validité de la clause.

L'utilité pratique de l'assurance pour compte établie, il reste à rechercher quelle est la nature juridique de ce contrat. Bien des opinions se sont fait jour sur ce point.

Pour M. Lambert, dans son livre « *De la stipulation pour autrui* », l'assurance pour compte est une stipulation pour autrui dans les termes de l'article 1121 du Code civil, en faveur d'un bénéficiaire qui, quoique déjà existant, n'est point individuellement désigné au contrat. En effet, dit cet auteur, on peut stipuler au profit de personnes indéterminées à condition qu'elles soient déterminables par l'analyse du contenu du contrat. Ce principe n'est pas contestable en matière de legs et M. Lambert propose de le généraliser ; car la simple indétermination ne suffit pas à annuler un contrat valable en lui-même. Il ne faut pas confondre la stipulation au profit de personnes indéterminées, mais déterminables avec celle faite en faveur de personnes futures, non encore conçues : « La simple indétermina-« tion ne peut pas être une cause de nullité de la stipu-« lation pour autrui si les bénéficiaires sont tout à la « fois déterminables et actuellement existants » ; les personnes futures, non encore connues, ne peuvent réclamer le bénéfice d'un contrat, parce qu'elles n'existaient point lors de sa conclusion (1).

Et pour appuyer sa théorie, M. Lambert cite comme exemple de stipulation pour autrui, intéressant des personnes indéterminées, l'assurance pour compte qui, dit-il, sera valable si les bénéficiaires sont à la fois déterminables et existants. « Souvent les arrêts ont reconnu « que les assurés n'avaient pas voulu stipuler au profit « des propriétaires des marchandises ; mais quand ils « ont constaté que l'assuré avait bien eu cette intention, « ils n'ont pas songé à lui refuser ce pouvoir (2). »

Sans entrer dans la discussion de la distinction entre

(1) V. Lambert. *Stipulation pour Autrui,* p. 130-131.
(2) V. comme exemple : *Amiens*, 10 juin 1887. D. 1889, 2, 1881 ; *Cass.,* 5 mars 1888 ; Sirey, 1888, 1, 315 ; *Paris*, 13 juillet 1889. D. 1890, 1, 411.

les personnes indéterminées et les personnes futures, nous ne nous rangeons pas à l'opinion de M. Lambert ; faire de l'assurance pour compte une stipulation pour autrui est une opinion trop absolue.

En effet, d'après l'article 1121 du Code civil, l'on peut stipuler pour autrui lorsque telle est la condition d'une stipulation que l'on fait pour soi-même

Or l'assurance pour compte peut très valablement être souscrite par un tiers, nullement intéressé au contrat, parce qu'il n'a aucun risque à courir, n'étant même pas le détenteur des objets assurés et n'ayant aucun intérêt à la conservation des objets assurés : il agit uniquement dans l'intérêt d'autrui. Tel est le cas du commissionnaire qui assure pour le compte de ses clients les marchandises de ceux-ci, tandis qu'elles sont sur un navire ou sur un quai, prêtes à être débarquées ou embarquées ; le commissionnaire n'a aucun intérêt au contrat et en signant la police pour compte, il a voulu éviter toute démarche à ses clients.

Pour M. Troplong (1), l'assurance pour compte n'est autre que le contrat de commission dont parle l'article 94 du Code de commerce. Cette opinion ne nous semble vraie qu'en partie et être trop absolue.

La commission est simplement un cas de mandat commercial. Le commissionnaire n'est qu'un manda-

___

(1) Troplong. *Revue de Législation et de Jurisprudence*, 1845, t. I, p. 60.

taire ; il n'a de pouvoirs et ne peut agir que dans les limites des ordres que lui donne le mandant.

Or, en est-il ainsi en matière d'assurance pour compte ? Évidemment non ; l'assuré apparent, souscripteur de la police, n'a pas reçu l'ordre de signer cette police et il ignore quel en sera le bénéficiaire.

En outre, le commissionnaire, dans la pluralité des cas, s'engage en son nom personnel ; il stipule à son profit ; son cocontractant ne connaît que lui et c'est lui seul qui peut réclamer le bénéfice du contrat. Au contraire, si le souscripteur d'une police d'assurance pour compte s'engage bien en son nom personnel, il ne stipule pas à son profit et il ne pourra pas réclamer l'indemnité, en cas de sinistre : ce sera le propriétaire des choses assurées, qui seul a ce droit.

Il se présente cependant des hypothèses où l'opinion de M. Troplong se trouve vraie et où l'on peut rattacher l'assurance pour compte à un mandat. Il peut intervenir entre le souscripteur de la police et le propriétaire une convention autorisant le premier à agir. De même, ce contrat de commission peut n'être que tacite et résulter soit des habitudes commerciales du souscripteur de la police, soit de la situation de l'assuré pour compte vis à vis du véritable intéressé. Tel est le cas où le commissionnaire chargé d'expédier les marchandises a reçu du propriétaire les sommes nécessaires pour accomplir tous actes nécessaires, pour les mettre à l'abri de tout risque. Tel est encore le cas où un commissionnaire, depuis longtemps en rapport d'affaires avec le propriétaire des marchandises, a l'habitude de les faire assurer, et cela sans ordre; ce commissionnaire a donc, en quelque sorte, reçu mandat tacite du propriétaire, pour faire assurer les marchandises qu'il lui expédie. La situation est la même pour le commissionnaire annonçant par voie d'affiches ou de prospectus que toutes les marchandises déposées chez lui seront assurées.

Dans toutes ces hypothèses, l'on peut parler de mandat et rattacher l'assurance pour compte au contrat de commission : mais généraliser cette opinion nous semble excessif.

On a voulu aussi faire de l'assurance pour compte une application de la gestion d'affaires. C'est encore une idée erronnée; en effet le gérant connaît le maître, celui dans l'intérêt duquel il stipule, même s'il s'engage à sa place.

Or, telle n'est pas la situation du souscripteur d'une police pour compte. D'abord celui-ci s'engage toujours personnellement, il agit en son nom ; de plus, en fait, il ignore celui qui doit profiter de l'assurance qu'il contracte. Tout dépositaire, tout ouvrier à façon, tout entrepreneur qui fait assurer pour compte de qui il appartiendra les marchandises qui lui sont confiées, ignore si durant le temps qu'elles sont entre ses mains, elles ne vont pas changer de propriétaire et par suite quel est le bénéficiaire de la police (1).

(1) Quant à la jurisprudence, elle fait de l'assurance pour compte,

Quelle est donc la nature juridique de l'assurance pour compte? A notre avis, c'est un contrat particulier, « *sui generis* », ayant ses principes particuliers, se rapprochant, suivant les cas, de la stipulation pour autrui, de la commission ou de la gestion d'affaires, mais simplement pour leur emprunter leurs règles et sans se confondre avec eux. Et ce caractère se comprend, étant donné que l'assurance pour compte est un contrat accessoire, qui intervient à l'occasion de l'un de ces contrats principaux.

Quant à la validité de la clause pour compte, il ne s'est jamais élevé de doute sérieux sur ce point. Lorsque le Code de commerce est venu exiger que la police d'assurance contienne la mention que le souscripteur agit comme propriétaire ou tout au moins comme commissionnaire, c'était consacrer indirectement la validité de la clause pour compte, en prohibant le jeu et le pari sur les assurances. Sans cette précaution, un individu quelconque, sans aucun intérêt au contrat, aurait pu faire assurer un certain nombre de navires, quitte à payer les primes si le navire arrivait à bon port, mais aussi pouvant avoir la chance, en cas de sinistre, de toucher une grosse indemnité, que rien ne justifiait.

tantôt une stipulation pour autrui, tantôt une gestion d'affaire, tantôt un mandat. L'on trouve même un arrêt de la Cour d'Amiens, du 10 juin 1887 (D. 89, 2, 177), qui déclare qu'il importe peu de rechercher quelle est la nature de l'assurance pour compte ; que « ce qui domine, en effet, dans les contrats, c'est la commune intention des parties, lorsqu'elles n'ont rien de contraire à la loi ».

On comprend que le législateur ait interdit une pareille spéculation, qui n'a rien de commun avec l'assurance, œuvre de prévoyance.

Mais avec l'assurance pour compte, une pareille fraude n'est pas à craindre. Certes lors de la signature de la police, on ne connaît pas le bénéficiaire du contrat, mais vienne le sinistre et force sera alors de sortir de ces réticences, pour montrer le véritable intéressé ; celui-ci sera obligé de montrer le titre, qui fait de lui l'assuré véritable.

D'autre part, l'assureur sera admis à la preuve de tous faits établissant qu'il n'y a pas eu assurance sérieuse, mais bien pari ; la question de savoir quel est le véritable intéressé au contrat, sera débattue ouvertement ; donc l'assureur a toutes les garanties qu'il peut exiger (1).

(1) V. Troplong. *Revue de Législation et de Jurisprudence*, 1845, t. I, précité.

CHAPITRE III

EFFETS DE L'ASSURANCE POUR COMPTE

Trois périodes a distinguer. — § I. La première période va du jour
de la signature de la police jusqu'à celui du sinistre. Durant cette
période, le seul obligé est le souscripteur de la police ; seul il doit
la prime et est soumis à toutes les obligations résultant de la
police. Recours du souscripteur de la police pour compte contre
l'assuré véritable.

§ II. La seconde période va du jour du sinistre jusqu'au jour du
paiement de l'indemnité.
La personne du souscripteur de la police disparaît ; car celui-ci doit
nommer l'assuré véritable. Intérêt de cette désignation. Textes du
Code de commerce, qui établissent la nécessité de cette désignation.

§ III. La troisième période se confond avec le jour du paiement de
l'indemnité. L'assuré véritable seul a droit à cette indemnité et le
souscripteur de la police ne peut y prétendre. Conséquence de ce
principe.

L'assurance pour compte met en présence trois
personnes : l'assureur, le souscripteur de la police et le
véritable intéressé au contrat, qui est le propriétaire des
objets exposés au risque.

Pour étudier les rapports qui naissent entre ces con_tractants, il est nécessaire de distinguer trois périodes :

I. La première période va du jour de la signature de la police jusqu'à celui du sinistre ;

II. La deuxième part de ce jour et s'étend jusqu'au moment du paiement de l'indemnité ;

III. La troisième se confond avec le jour même de ce paiement.

§ I

La première période est, dans la majeure partie des cas, la seule à étudier ; elle expire le jour du sinistre. Or, fort heureusement, les sinistres se produisent rarement ; et en l'absence de sinistre, cette période prendra fin par l'expiration normale de la police.

Durant cette période, le seul obligé est le souscripteur de la police. En effet, la police est au nom de celui qui l'a signée ; l'assureur ne connait que lui et à foi en son crédit.

C'est donc ce souscripteur de la police, en pratique c'est souvent un commissionnaire, qui est obligé à remplir toutes les charges et toutes les conditions de la police : par une fiction, il est réputé être le véritable assuré.

De ce point de départ, il résulte d'abord que c'est à lui qu'incombe la charge du paiement des primes.

Comme le dit Pothier (1) : « l'assuré par le contrat d'as-
« surance contracte envers les assureurs l'obligation de
« leur payer la prime, c'est-à-dire la somme convenue
« pour le prix de l'assurance. » Par suite, s'il ne remplit pas cette obligation, l'assureur pourra l'y forcer par
toutes les voies de droits, comme un assuré ordinaire ;
il ne pourra même pas objecter qu'il n'est qu'un mandataire et qu'il n'a aucun intérêt à la conservation des choses assurées : l'assureur lui répondrait qu'il ne connait que lui et qu'en souscrivant la police, il s'est
engagé au paiement des primes (2).

De cette idée que le souscripteur de la police est le

----

(1) Pothier. *Contrat d'assurances*, n° 78 ; Valin, sur l'art. 3, tit.
Des Assurances ; Boulay-Paty, sur *Emerigon*, t. I, p. 139 et 324 ;
Locré, sur l'art. 332, n° 8 ; Delaborde, *Avaries*. n° 97 ; Pringuet.
Assurances marit., p. 95 ; Boistel. *Précis de Droit com.*, p. 972 ;
Laurin, sur *Cresp.*, III, p. 14, note 2 : Arthur Desjardins. *Droit
com.*, VII, n° 1454 ; Lyon-Caen et Renault. *Précis de Droit com.*,
VI, n° 1434 ; Adde Delamarre et Lepoitvin, *Contrat de com.*, t. II,
n° 267, sur les Principes généraux.

(2) V. en ce sens, du tribunal de commerce de Nantes, un jugement en date du 29 mai 1863, *Journal de Nantes*, 1863, I, p. 163 :
« Attendu qu'il est de jurisprudence constante que l'assuré pour
compte s'oblige lui-même vis-à-vis des assureurs ; qu'en substituant
sa responsabilité à celle de son commettant, dont il ne fait pas connaître le nom à ceux avec qui il traite, il efface son mandant et devient
vis-à-vis de ceux-ci un mandataire responsable ; qu'il serait, en effet,
injuste et irrationnel d'obliger les assureurs à s'adresser à un homme
qu'ils n'ont pas connu quand ils ont contracté avec un autre ; que
celui-là seul est leur obligé direct, qui a traité et dont ils ont pu
apprécier l'honorabilité et le crédit. »
Dans le même sens, *Hâcre*, 30 août 1862 (*Journ. des Ass.*, 62,
447). Marseille, 6 mai 1864 (*Journ. Marseille*. 64, 1, 136).

seul obligé, il découle ensuite que c'est lui qui doit répondre à toutes les discussions auxquelles cette police peut donner lieu. c'est ainsi que le tribunal compétent est celui de son domicile. pour juger toutes les questions relatives à la réalité du risque. Il ne saurait en être autrement. Comment l'assureur pourrait-il agir contre le véritable assuré. qui se cache derrière la clause pour compte et dont-il ignore le nom et *a fortiori* le domicile ? Même le connaissant, l'assureur pourrait être fort embarrassé : ce véritable assuré peut être un étranger, habiter un pays fort éloigné (1). Nous verrons au chapitre des déchéances la question des réticences.

Quant aux rapports entre l'assureur et le tiers intéressé au contrat, ils sont nuls. inexistants ; aucun des deux ne peut exiger de l'autre une prestation quelconque ; il n'y a entre eux aucun lien de droit.

D'ailleurs. en fait. l'assureur ignore absolument quel est ce tiers. Mais quand bien même arriverait-il à le connaître, il ne pourrait invoquer contre lui aucun droit; il a suivi uniquement la foi du signataire de la police. Comme le dit M. Pardessus (2) : « Il n'est pas nécessaire « d'ajouter que les engagements pris envers les tiers

(1) V. arrêt de la Cour de Bordeaux. du 6 avril 1830 (D. 1831. 2, 63) : « Attendu que l'assuré. pour compte de qui il appartiendra, est soumis personnellement à toutes les obligations résultant de la police d'assurance et qu'il a le droit d'en exercer toutes les actions parce qu'à l'égard des assureurs il est le véritable assuré... ». V. aussi arrêt de la Cour de Bordeaux. du 7 juin 1836 (Sirey, 1836, 2, 557).

(2) Pardessus. *Droit com.*, p. 403 et 404. t. II. n° 562. *in fine*.

« par celui qui faisait volontairement l'affaire d'un
« autre, doivent être exécutés par lui, parce que n'ayant
« ni procuration présumée par la qualité du préposé, il est
« réputé s'être porté fort de celui pour qui il a agi...»

A contrario, en invoquant l'article 1275 du Code civil
l'on peut dire que le véritable intéressé à l'assurance ne
peut pas prendre la place du souscripteur de la police
pour en remplir les obligations à sa place. C'est ce souscripteur qui est lié par le contrat, jusqu'à l'arrivée du
sinistre et une pareille délégation ne pourrait être efficace
vis à vis du créancier, c'est-à-dire de l'assureur, que si
celui-ci y avait expressément consenti.

Pour régler les rapports entre le souscripteur de la
police et le véritable assuré, il faut distinguer entre deux
situations.

Il se peut d'abord que le souscripteur de la police n'ait
contracté une assurance pour compte que sur l'ordre du
propriétaire des choses exposées au risque. L'on est alors
en présence d'un mandat commercial, du contrat de
commission. Il faudra appliquer ici les règles contenues
dans les articles 1998 et suivants du Code civil. Le mandant sera lié par le contrat passé par son mandataire et
ce dernier pourra agir contre son commettant pour se
faire indemniser des frais que lui aura occasionnés
l'exécution du contrat ; il pourra notamment lui réclamer
le remboursement des primes qu'il aura versées.

Mais la question de savoir qui doit supporter définitivement la charge des primes devient plus délicate

lorsque le souscripteur de la police a agi de sa propre
initiative. comme une sorte de gérant d'affaires commerciales.

Il y a d'abord un cas pratique qui présente peu de
difficulté. C'est celui où l'assurance peut profiter à un
grand nombre de personnes. peut-être même pas encore
en relations d'affaires avec le souscripteur de la police,
mais appelées par la nature des choses à changer fréquemment. C'est le cas. en prenant le mot dans un sens
très général, des dépositaires de marchandises (1). Nous
en avons déjà cité de nombreux exemples. C'est la situation d'industriels travaillant pour un grand nombre de
personnes. comme les filateurs. les peigneurs de laine.
les teinturiers, les meuniers, etc ; c'est aussi la situation
de ceux dont la profession consiste à garder certaines
marchandises encombrantes ou dont la garde exige des
soins spéciaux, comme des meubles, des tapis, des fourrures.

Dans toutes ces hypothèses. il est bien impossible au
souscripteur de la police de réclamer à chacun de ses
clients leur part contributoire dans le remboursement
des primes qu'il a payées. Mais il y parviendra cependant, d'une manière indirecte, simplement par une
légère augmentation de ses prix de fabrication ou de

---

(1) Le mot « louage de services » serait plus exact, car le dépôt,
d'après l'article 1917 du Code civil est un contrat essentiellement
gratuit ; et, ici évidemment. le dépositaire recevra le prix du service
qu'il rendra.

ses tarifs. Peut-être, ne fera-t-il pas retomber la charge de la prime sur ses clients ; il portera simplement le coût de l'assurance parmi ses frais généraux qui diminuent d'autant ses bénéfices ; et grâce à ce léger sacrifice, en offrant toute sécurité aux propriétaires des objets déposés, il augmentera sa clientèle et défiera toute concurrence (1).

Mais supposons que le souscripteur de la police soit à même d'établir et de prouver quelle est la part contributoire que doit supporter chacun des assurés véritables dans la somme totale des primes : a-t-il le droit, avant tout sinistre, de se faire rembourser les frais de l'assurance pour compte qu'il n'aurait fait qu'avancer ?

Il se présente d'abord une hypothèse ou il faut répondre de suite négativement : c'est celle où le souscripteur de la police, dans un but de réclame commerciale, se serait engagé par voie d'affiches ou de prospectus ou tout autre moyen de propagande à supporter seul les frais de l'assurance ; il ne pourrait rien réclamer aux véritables intéressés.

Mais supposons maintenant que le souscripteur de la

(1) De Courcy. *Questions de Droit maritime*, 1. p. 375. « L'entrepreneur (de transports fluviaux) contracte une assurance pour couvrir, sans exception, tout ce qu'il chargera sur ses bâtiments, et c'est luimême qui paie la prime ; il comprend cette prime dans son frêt ou l'accepte comme charge de son exploitation ; il annonce à sa clientèle par ses circulaires, il répète dans ses lettres de voiture ou connaissements que toutes les marchandises qu'on lui donne à transporter sont assurées, *ipso facto,* sans que les clients aient à s'embarrasser des assurances. »

police ait simplement déclaré que toute marchandise chez lui déposée serait assurée, mais sans prendre l'engagement de supporter les frais de l'assurance. En cette hypothèse, si des tiers viennent déposer des marchandises chez lui et s'il parvient à établir la part contributoire de chacun, il pourra la leur réclamer : car le fait du dépôt permet de supposer que les tiers déposants ont ratifié l'assurance ; ils devront rembourser les primes payées.

Mais voici un cas plus simple : le souscripteur de la police, de sa propre initiative, a contracté une assurance pour le compte de qui il appartiendra ; peut-il réclamer aux assurés véritables le montant des primes qu'il a payées, et cela avant tout sinistre ?

L'on se trouve en présence, non plus d'un contrat de commission, mais bien d'une gestion d'affaires, dont il faut appliquer les règles.

Or, d'après l'article 1375 du Code civil « le maître dont « l'affaire a été bien administrée, doit remplir les enga-« gements que le gérant a contractés en son nom, l'indem-« niser de tous les engagements personnels qu'il a pris « et lui rembourser toutes les dépenses utiles ou néces-« saires qu'il a faites ».

La doctrine admet unanimement que pour apprécier si la dépense avancée a été utile, il faut se reporter à l'époque où elle a eu lieu, sans s'inquiéter si, depuis, son utilité s'est évanouie. L'assurance rentre dans les précautions que doit prendre un administrateur prévoyant.

Il s'élèvera donc simplement la question de savoir si les objets assurés couraient un risque et en cas d'affirmative, le souscripteur de la police pourra demander aux véritables assurés le remboursement des primes qu'il a avancées, sans que ceux-ci puissent lui objecter que l'assurance était inutile. puisque le sinistre ne s'est pas produit.

Par suite, l'assureur pourra agir contre les assurés véritables, si les primes n'ont pas été payées, en exerçant les droits de son débiteur, le souscripteur de la police, par application de l'article 1166 du Code civil.

Jusqu'ici nous avons supposé que le souscripteur de la police avait passé l'assurance pour compte, sans nommer le véritable intéressé au contrat, mais il peut arriver que dans la police pour compte, celui-ci soit désigné : que se passera-t-il dans cette hypothèse ?

Malgré les apparences qui pourraient faire croire que l'on doit appliquer ici les règles du mandat et dégager le commissionnaire de toute obligation, celui-ci se trouve encore obligé au paiement de la prime (1).

En effet, l'intention des parties est que celui qui signe la police soit personnellement obligé ; il ne faut pas dire qu'en la circonstance, le commissionnaire ne fait que prêter son ministère et ne contracte aucune obligation. La raison en est que l'assureur ne connait que le souscrip-

____

(1) V. Émérigon, chap. V sect. IV, et Pothier, *Contrat d'ass.*, n° 98.

teur de la police, dont-il peut apprécier le crédit et il
ignore quelle est la valeur commerciale de la situation
des commerçants pour le compte de qui le contrat se
fait. En outre l'assureur peut agir contre ce commissionnaire, qui, en général habite la même ville alors que
que les assurés sont peut-être étrangers.

En pratique, c'est souvent l'assureur lui-même qui
exige la présence de ce commissionnaire, pour avoir près
de lui un contractant responsable et ne pas avoir besoin
d'agir contre un étranger, dans un pays lointain, dont il
peut craindre la mauvaise foi que montrent ses tribunaux. C'est donc le souscripteur de la police qui est tenu
du paiement de la prime (1).

(1) Nous trouvons, il est vrai, un arrêt en sens contraire, de la
Cour d'Aix, du 5 juillet 1833, qui décide que l'assureur n'a pas d'action contre le commissionnaire, quand le commettant a été désigné
dans la police pour compte.

Mais on peut expliquer, peut-être, cet arrêt par des considérations
de fait, qui ont pu toucher la Cour.

Du principe que nous avons posé, que l'assureur et l'assuré pour
compte sont respectivement engagés l'un vis-à-vis de l'autre, il
résulte que, si ces deux individus sont étrangers et si le contrat a été
passé hors de France, les tribunaux français sont incompétents, en
vertu de l'article 11 du Code civil, même si le véritable assuré se
trouve être un Français. La Cour a voulu protéger, dans l'espèce, les
intérêts de ce Français et a déclaré que « le signataire d'une police
pour compte est censé contracter directement, non seulement avec le
mandataire, mais aussi avec le propriétaire des valeurs assurées ».

De ce principe, il résultait que, l'assureur étranger étant réputé
avoir contracté directement avec l'assuré véritable, un Français en
l'espèce, les tribunaux français, d'après le même article 14, se trouvaient compétents, bien que l'assurance eut été passée en pays

D'autre part, il est évident que le commissionnaire, en contractant une assurance pour compte, n'est pas obligé envers les assureurs s'il a déclaré dans la police qu'il n'entend engager que son commettant, qu'il désigne et non lui-même ; on ne saurait mettre en doute la validité d'une pareille clause.

Mais si le commissionnaire ne fait une pareille déclaration qu'après la signature de la police, il n'en reste pas moins tenu envers l'assureur ; il est trop tard ; le droit des parties, par la signature de la police est définitivement fixé et ne peut plus être modifié que de leur consentement mutuel.

Il peut arriver que le commissionnaire se réserve le droit de désigner plus tard son commettant. C'est la forme d'assurance : « pour soi ou pour une personne à nommer. » Dans ce cas, il n'est pas responsable du paiement de la prime, s'il désigne son commettant avant tout risque commencé. L'assureur ne peut se plaindre ; il n'avait qu'à exiger du commissionnaire son engagement solidaire avec le commettant. Mais si cette déclaration n'intervient qu'après le commencement d'exécu-

étranger. La Cour avait voulu protéger les intérêts du Français assuré.

Mais nous trouvons plus conforme aux véritables principes le jugement du tribunal de Marseille qui a infirmé l'arrêt de la Cour d'Aix, jugement qui n'avait pas admis cette compétence et avait déclaré que « l'assuré et l'assureur, quoique déclarant agir pour compte, sont réciproquement et personnellement obligés l'un envers l'autre, tout comme s'ils eussent agi pour leur propre compte ».

tion du contrat, c'est-à-dire les risques commencés, le commissionnaire se trouve lié vis-à-vis de l'assureur.

§ II

La seconde période commence le jour où un sinistre vient à se produire et s'étend jusqu'au jour du paiement de l'indemnité.

Le contrat d'assurance est un contrat conditionnel en ce sens que les assureurs ne doivent l'indemnité stipulée que si le sinistre prévu vient à se produire. Cette condition s'est réalisée : voyons quels en sont les résultats.

Le signataire de la police a bien pu, par la clause pour compte, s'engager lui-même ; mais il n'a pu stipuler à son profit. Le tiers qui profitera de l'assurance est celui qui est caché par la clause pour compte ; le seul intéressé est le propriétaire des objets assurés.

Mais il faut que l'assureur soit à même de vérifier si l'assurance ne cachait pas une gageure, si elle n'était pas un pari, le signataire de la police, pour le montant des primes, ayant couru la chance de toucher une somme calculée sur la valeur des choses soit-disant assurées,

S'il s'agissait d'un commisssionnaire ou d'un mandataire ordinaire, celui-ci exécuterait son mandat jusqu'au bout ; l'assureur ayant accepté sa garantie et son engagement personnels, c'est lui qui aurait le droit de réclamer l'indemnité.

3 D

Il en est autrement èn matière d'assurance. Lorsque le sinistre s'est produit, l'assureur a le droit d'exiger du souscripteur de la police le nom du véritable propriétaire et cela pour vérifier si le contrat ne cachait pas un pari. La fiction n'est plus possible ; le véritable assuré doit se montrer et se nommer : le contrat doit cesser d'être anonyme.

Mais il ne suffit pas que ce véritable intéressé se nomme pour pouvoir profiter du contrat ; il doit prouver sa qualité de propriétaire ou de possesseur de l'objet assuré.

Cette preuve faite, la position du souscripteur de la police change complètement et le contrat ne le regarde plus. A l'avenir, toute l'opération se passe entre l'assureur et le propriétaire des objets assurés. Le rôle actif du signataire de la police est fini.

Cependant il faut ajouter qu'il peut encore être tenu de certaines obligations résultant de la police. Si, à partir du jour du sinistre, il a le droit de réclamer au propriétaire le montant des primes qu'il a payées, il faut ajouter qu'il continue à être débiteur des primes non payées et échues ; il y est enraciné, comme dit Casarégis ; mais comme, en définitive, c'est le propriétaire qui doit les supporter, l'assureur aura le droit d'agir contre celui-ci par une substitution de débiteur.

En outre, ce rôle purement passif du signataire de la police peut changer, s'il se comporte de façon à faire croire à l'assureur qu'il est le véritable assuré, par exemple s'il a signifié en son nom des réserves ou des protestations à l'assureur ; c'est une question de fait.

Toute une série de dispositions du Code de commerce établisse cette obligation, pour l'assuré véritable, de se nommer une fois le sinistre arrivé.

Rappelons d'abord l'article 332, qui oblige le souscripteur de la police à déclarer s'il agit comme propriétaire ou comme commissionnaire, pour prévenir toute fraude; il faut donc qu'à un moment quelconque, l'intéressé se nomme ; et ce moment, c'est le jour de l'arrivée du sinistre.

L'article 351 décharge l'assureur de tout dommage qui provient du fait ou de la faute de l'assuré ; il faut donc que celui-ci soit connu.

L'article 379 permet à l'assureur de différer le paiement de l'indemnité jusqu'à ce que l'assuré ait déclaré non seulement les assurances qu'il a faites, mais aussi celles qu'il a ordonnées, ainsi que l'argent pris à la grosse. En parlant d'assurances « qu'il a ordonnées », la loi impose donc au propriétaire l'obligation de se nommer et de prouver son titre, afin que l'assureur puisse vérifier ses actes.

C'est le même motif qui a dicté la disposition de l'article 384. Cet article accorde à l'assureur un délai de trois mois avant le paiement de l'indemnité, et cela afin qu'il puisse examiner les actes de l'assuré, voir s'ils ne prêtent pas à la critique, s'ils ne sont pas entachés de fraude ou de collusion, si toutes les clauses de la police ont été observées ; il faut donc, de toute nécessité, que l'assureur connaisse la personne de l'assuré.

Ainsi donc, la fonction du souscripteur de la police pour compte prend fin, au jour du sinistre, lorsqu'il a désigné le propriétaire des objets assurés ; il disparaît et son mandat expire par la consommation de l'affaire.

Désormais le contrat produit tous ses effets entre l'assureur et l'assuré véritable ; c'est lui qui peut agir et on peut agir contre lui ; c'est son domicile qui fixe la compétence ; c'est lui qui doit venir à l'expertise relative à l'estimation des dommages.

Nous verrons, dans le chapitre consacré aux déchéances en matière d'assurance pour compte, qu'une autre théorie a été proposée, mais sans grand succès.

§ III

Nous arrivons à la troisième période. L'expertise relative à l'évaluation des dommages a eu lieu, l'indemnité est fixée : il s'agit d'en effectuer le paiement.

Ce paiement, pour être valable, doit être fait au véritable propriétaire, à celui-là seul qui a réellement subi le dommage.

Le souscripteur de la police serait irrecevable à intenter une action pour obtenir le paiement de l'indemnité.

C'est une différence importante entre le commissionnaire ordinaire et le commissionnaire d'assurance. Un commissionnaire qui a réussi à vendre les marchandises de son commettant a le droit de toucher le prix de vente et le commettant ne peut qu'exercer les actions qui appartiennent au commissionnaire.

Il en est autrement en matière d'assurance : l'assuré réel seul a le droit de se faire payer l'indemnité.

L'on serait peut-être tenté d'objecter à cette solution que le souscripteur de la police est l'assuré en nom, qu'il devrait donc avoir le droit de toucher l'indemnité stipulée dans une police qu'il a signée.

Mais il ne faut pas oublier qu'il s'est produit un fait nouveau, le sinistre, qui a eu pour résultat d'obliger le commettant à se nommer et de réduire à néant le rôle du souscripteur de la police ; le propriétaire des choses sinistrées est devenu le maître de l'affaire ; c'est entre ses mains seulement que les assureurs peuvent faire un paiement valable.

Aussi étant donné ce principe général et absolument certain en matière d'assurance, et non pas seulement d'assurance pour compte de qui il appartiendra, que seul l'intéressé au contrat peut réclamer de l'assureur l'indemnité promise. principe que consacrent de nombreux arrêts (1). peut-on trouver étrange un arrêt de la Cour

---

(1)V., *Cass.*, 5 février 1878 (Sirey, 1879, 1, 409) «attendu, en droit, que l'objet du contrat d'assurance des risques locatifs est d'obliger l'assureur, moyennant une prime payée par le locataire assuré d'indemniser celui-ci de la responsabilité mise à sa charge par l'article

de Cassation qui a admis la thèse suivante. Le commissionnaire de transports qui a assuré pour compte, des
marchandises qui lui ont été confiées par des tiers, a le
droit, en cas d'incendie de ces marchandises, de réclamer à l'assureur le montant de l'indemnité, alors même
que le propriétaire de ces marchandises, ayant disparu,
ne lui réclamait rien (1).

1733, au cas où l'immeuble loué vient à être détruit par un incendie ;

« Attendu que le locataire ne saurait donc, sans méconnaître la
nature de ce contrat, prétendre à une indemnité lorsque le propriétaire de la Compagnie subrogée à ses droits, a expressément renoncé
à exercer contre lui l'action résultant des dépositions de l'article précité et a fait ainsi disparaître toute éventualité du risque assuré » ;

Voir aussi un arrêt de la Cour d'appel de Paris du 10 mai 1871
(Sirey, 1871, 2, 39 : « Considérant qu'en matière de risque locatif, le
contrat d'assurance ne confère pas au locataire une créance directe de
somme contre la Compagnie d'assurances ; que l'assureur ne doit à
l'assuré que la garantie du recours du propriétaire, et ce jusqu'à
concurrence de la somme fixée par le contrat...

« Considérant que... là où le propriétaire ne réclame plus rien pour
dommage causé à l'immeuble par le sinistre, le locataire, à son tour,
ne peut rien répéter contre son garant ;

« Considérant que s'il en était autrement, le contrat d'assurance
pourrait facilement tourner à une spéculation et à un bénéfice au
profit de l'assuré, ce qui est contraire à son essence. »

(1) Voici un considérant de l'arrêt de la cour de Paris, en date du
13 Janvier 1888 (*Gazette des Tribunaux*, 11 avril 1888) :

« Considérant, d'autre part, que X... X... justifient avoir directement
payé à leurs commettants la valeur des marchandises assurées et dont
ils réclament à leur tour paiement à la Compagnie l'Union, à l'exception toutefois de la valeur des colis appartenant à une D^{lle} N... ;
que si celle-ci n'a pu être retrouvée jusqu'à présent, X. X. n'en restent pas moins comptables envers elle, à première réquisition, soit
de la chose, soit de sa valeur ; que la Compagnie l'Union est dès à
présent débitrice envers X. X. de la somme assurée sur la chose dont
s'agit ; qu'elle ne peut retarder le paiement de sa dette sous le prétexte

Cette décision est en opposition formelle avec un principe certain à savoir que le contrat d'assurance ne doit jamais devenir une cause de bénéfice pour l'assuré. Or si le déposant, en l'espèce, ne doit jamais se représenter, le souscripteur de la police conservera une indemnité, que rien ne justifie, puisqu'il n'a subi aucun préjudice.

L'indemnité, en outre, n'était pas due au commissionnaire, mais bien au déposant ; le sinistre s'étant produit, la personne de celui-ci disparaissait au point de vue de l'assurance.

Il eut été plus logique de laisser l'indemnité aux mains de l'assureur. Si le déposant s'était représenté, le commissionnaire l'eut renvoyé à celui-ci.

Mais que l'on suppose que ce commissionnaire, après avoir touché l'indemnité, la dissipe, puis devienne insol-

---

qu'il serait incertain que la D^{lle} N.., réclamât plus tard aux intimés le solde pouvant lui revenir sur ladite somme après déduction des frais faits pour le transport et la conservation de la chose périe ; que le règlement ultérieur du compte à établir entre la D^{lle} N... et les intimés ne peut avoir aucun effet sur celui qui existe entre ceux-ci et les compagnies d'assurances ; qu'enfin la négligence présumée de la D^{lle} N... à poursuivre sa créance sur les intimés ne saurait dispenser la Compagnie l'Union de payer sa dette envers ces derniers ».

Cet arrêt fut confirmé par la Cour de Cassation (*Gaz. des Trib.*, même date) : « Attendu qu'il est déclaré par l'arrêt dénoncé que la perte desdits objets faisait naître contre la Compagnie au profit des commissionnaires un droit à la valeur de ces objets ; que c'est à bon droit, par suite, qu'il a décidé que le retard du règlement des comptes à établir, entre les commissionnaires et leurs déposants, ne pouvait dispenser la Compagnie de payer aux commissionnaires une dette actuellement exigible... »

vable : si le déposant vient à réapparaître, il nous semble qu'il aura le droit de réclamer à nouveau l'indemnité ; car malgré l'arrêt de la Cour de Cassation, nous persistons à croire qu'en payant aux mains du dépositaire, l'assureur paie mal, à quelqu'un qui n'a aucun droit.

Nous croyons que la Cour de cassation commet une erreur en déclarant la dette d'indemnité exigible. Elle est exigible, c'est vrai, mais seulement pour le déposant ; mais elle ne le sera jamais pour le dépositaire, qui n'a droit qu'à une garantie ou qu'au remboursement des sommes par lui versées, si de lui-même, il a indemnisé le déposant. Quant à l'indemnité proprement dite, il ne doit jamais la toucher.

On ne sait quel motif a déterminé la Cour. Y a-t-il là une fausse application des règles du mandat tacite, le commissionnaire devant gérer les affaires du déposant, assurer ses marchandises, et toucher l'indemnité en cas de sinistre ? Mais rien, dans les circonstances de la cause, ne permet de croire à l'existence de ce mandat. Le commissionnaire avait dû contracter cette assurance, de sa propre initiative.

Ne faudrait-il pas, plutôt, ne voir là qu'une nouvelle application de cette tendance générale que l'on peut remarquer chez la jurisprudence, à se montrer sévère jusqu'à l'injustice envers les compagnies d'assurances, pour protéger les intérêts des particuliers contre leurs prétentions qui, il faut le reconnaître, sont souvent excessives.

En résumé, c'est donc au propriétaire seul des marchandises assurées, que les assureurs doivent verser l'indemnité promise : à partir du moment du sinistre, ils ne connaissent plus que ce propriétaire.

De cette idée résultent quelques conséquences accessoires. Les assureurs ne seraient pas fondés à vouloir compenser avec le propriétaire des sommes étrangères à la police d'assurance et que leur doit le souscripteur de la police. Car, du jour du sinistre, seul le propriétaire est créancier et des compensations ne peuvent intervenir que de son chef.

Mais si le propriétaire est encore débiteur du souscripteur de la police à raison des primes par lui payées, ce dernier a le droit de former opposition au paiement de l'indemnité entre les mains de l'assureur, afin d'obtenir le remboursement de ses avances.

CHAPITRE IV

DE L'ASSURANCE POUR COMPTE CONTRACTÉE PAR UN TIERS SANS MANDAT

Opinions de MM. Pardessus, Persil, Boudousquié et Massé. — Une pareille assurance est valable, soit comme mandat, soit comme gestion d'affaires ; la ratification du contrat peut n'intervenir qu'après l'arrivée du sinistre, par application d'un mandat tacite. — Exigences de la pratique.

Jusqu'ici nous avons supposé que le souscripteur de la police avait reçu un mandat, tout au moins tacite de contracter l'assurance au profit du propriétaire ; et nous ne nous sommes pas préoccupé de la valeur d'une assurance contractée sans mandat ; il faut examiner cette question.

D'abord il est évident que si le souscripteur de la police a contracté l'assurance, avec l'intention d'en profiter, et si après le sinistre, il réclame l'indemnité, les assureurs auront le droit de la lui refuser, puisqu'il n'avait aucun intérêt à la conservation de la chose.

Mais la question se pose plus délicate si celui qui demande à profiter de l'assurance est le propriétaire, bien qu'il n'ait pas contracté lui-même, ni donné mandat à ce sujet. La doctrine, en général, lui reconnaît ce droit.

L'on peut citer, il est vrai, en sens contraire, Estragin, mais, d'autre part, MM. Pardessus (1) et Persil (2), partant de cette idée que la fraude ne se présume pas, que le signataire de la police ne peut pas être supposé avoir voulu faire une simple gageure ou un pari, chose interdite par la loi, admettent que ce souscripteur de la police n'a rien voulu faire de répréhensible, qu'il a voulu agir comme gérant d'affaires du propriétaire et que ce dernier devra être admis à réclamer l'indemnité.

M. Boudousquié (3) appprouve cette opinion mais il exige que le propriétaire ratifie l'assurance avant l'arrivée du sinistre.

M. Massé (4) résoud la question, mais avec des distinctions.

Il part de ce point de vue qu'en matière d'assurance comme en toute autre matière, une personne sans mandat ne peut engager un tiers. Donc l'assurance contractée sans mandat est radicalement nulle et ne

(1) Pardessus. *Droit com.*, n° 826, t. III.
(2) Persil. *Assurance terr.* n° 129.
(3) V. Boudousquié, *Ass. contre l'incendie*, p. 124, n° 96.
(4) Massé. *Droit comm.*, t. III, n° 1725 à 1729.

peut même pas valoir au moyen de la ratification postérieure du tiers assuré.

Mais cette assurance devient valable si le souscripteur de la police paie la prime ou s'engage personnellement à la payer. Car, alors intervient l'article 1121 du Code civil qui permet de stipuler pour un tiers, lorsque telle est la condition d'un contrat que l'on fait en son propre nom : l'assurance ainsi stipulée, au profit d'un tiers, devient la condition du paiement de la prime ou de l'engagement à la payer.

Il en est de même si le souscripteur de la police agit comme *negotiorum gestor*. Mais pour que cette assurance soit valable, il faut, pour elle comme pour tout autre contrat, qu'elle soit la suite d'une affaire volontairement gérée et qu'elle ne constitue pas à elle seule cette affaire. Car, c'est uniquement l'intérêt d'autrui, né et actuel, que veut protéger la loi en permettant au gérant d'affaires d'intervenir.

Mais il ne faut pas que le gérant d'affaires fasse naitre cet intérêt pour se justifier d'y avoir pris part, autrement, toute stipulation pour autrui serait valable, puisqu'en la faisant on serait censé gérer l'affaire de celui pour lequel on stipule.

Au reste il est évident que si le souscripteur de la police a déclaré agir au nom de tel ou tel individu, c'est celui-là seul qui est tenu du paiement de la prime, de même qu'il a seul droit à l'indemnité ; la police signée, le mandataire disparaît.

Quant à la jurisprudence, elle admet la validité d'une assurance contractée dans ces conditions (1).

(1) Arrêt de la Cour de Cassation du 2 février 1857(Dalloz 1857, 1, 69 « attendu... que le défaut de mandat écrit au moment de l'assurance n'aurait pu motiver de contestation qu'entre lui et ceux dont il avait géré l'affaire; que le mandat lorsqu'il intervient, rétroagit au jour auquel l'obligation a été contractée; que d'ailleurs les assureurs n'ont pas même eu qualité pour s'enquérir des rapports qui auraient existé entre le consignataire et l'un des chargeurs puisqu'il s'est obligé dans toute l'étendue du contrat commercial de commission, c'est-à-dire en son propre nom, quoique pour compte d'autrui, et sans sa garantie personnelle. »

De cet arrêt il résulte que lorsqu'un tiers vient faire signer une police d'assurance au profit d'autrui, les assureurs ne peuvent lui objecter le défaut de mandat; ils ne peuvent exiger de lui qu'une chose, son engagement personnel de payer la prime. La question de savoir si l'assurance était sincère, ne cachait pas une gageure, ne s'élévera que plus tard, si un sinistre vient à se produire.

Un autre arrêt (Dalloz, 1873, 2, 171 et sur pourvoi, *Requêtes* 8 juillet 1873, Dalloz, 1874, 1, 172) est encore plus explicite. Il décide que l'assurance contractée par une personne comme gérant d'affaires est valable dès le début du contrat et sans qu'une ratification antérieure au sinistre soit nécessaire, alors que le souscripteur de la police gérait les intérêts d'autrui confondus avec les siens, surtout étant donnée cette circonstance que l'assureur, ou tout au moins son représentant, l'agent d'assurances n'ignorait aucune circonstance de fait du contrat.

Cet arrêt est un peu un arrêt d'espèce. La Cour s'est basée sur ce point que l'assureur savait fort bien que le signataire de la police gérait les affaires d'autrui en même temps que les siennes, qu'il était un fort proche parent de l'assuré (un gendre et une belle-mère) et la Cour a trouvé qu'une ratification expresse de cet assuré était inutile et qu'elle résultait des circonstances ambiantes de la cause.

En outre, nous trouvons dans cet arrêt, croyons-nous, une fois de plus cette tendance constante de la jurisprudence à se montrer défavorable aux prétentions des Compagnies d'assurances qui s'avisent seulement le jour du sinistre d'invoquer les causes de nullité d'un contrat, dont elles ont jusqu'alors perçu les bénéfices, les primes.

Un arrêt de la Cour de Nancy du 7 février 1867 (Dalloz, 1867, 2, 73)

Nous allons trouver l'application de ces principes en matière d'assurance pour compte. On admet qu'une police de cette nature profite non seulement à ceux dans l'intérêt desquels elle a été signée, mais d'une manière générale à quiconque se trouve ultérieurement en mesure de l'invoquer.

En effet, les choses doivent se passer, comme si l'assuré véritable avait signé la police. Par suite, l'assurance a sa pleine et entière efficacité, soit dès le moment où elle a été contractée, si les objets assurés sont déjà

décide que le bénéfice d'un contrat d'assurance peut être revendiqué par un tiers qui n'a point été partie au contrat, mais à la charge d'établir par un commencement de preuve par écrit fortifié par des témoignages ou des présomptions, que c'est pour lui-même, avec le consentement de l'assureur, que le contrat a été passé et rejette la prétention d'un individu qui n'a pu faire cette preuve. Cet arrêt décide en outre que celui qui veut réclamer le bénéfice du contrat ne peut agir qu'en empruntant les actions du souscripteur de la police et que par suite l'assureur peut lui opposer toutes les exceptions opposables à ce dernier :

« Attendu... qu'il est certain que le contrat d'assurance ne confère pas un droit réel, inhérent à la propriété de la chose assurée et passant nécessairement avec elle sur la tête des propriétaires successifs ; qu'il n'engendre au contraire que des droits et des obligations personnels et réciproques dans lesquels l'une des parties ne peut, sans le consentement de l'autre, se substituer un tiers et opérer une novation. »

C'est là une différence importante entre l'assurance simple et l'assurance pour compte. Cette dernière ne confère pas un droit réel mais elle suit la chose assurée dans toutes les mains où elle passe ; en consentant une police de cette nature l'assureur sait, à l'avance, qu'elle est appelée à changer de titulaire et que chaque porteur a le droit, sans lui demander un consentement préalable, d'opérer une novation en se substituant un tiers.

exposés aux risques, soit à partir du commencement des risques, s'ils n'ont commencé à courir que postérieurement à la convention.

Il en est d'abord sûrement ainsi si la police n'a été signée que sur l'ordre du propriétaire des objets assurés ; car alors l'on se trouve en présence d'un mandat commercial, d'une commission.

Il en est encore de même si le propriétaire vient à ratifier l'opération faite par le souscripteur de la police ; il s'approprie le contrat ; sa ratification rétroagit au jour de la convention et l'on rentre dans l'hypothèse précédente.

Mais la question semble devenir plus délicate avec la clause pour compte. L'assurance doit profiter à un propriétaire inconnu jusqu'au jour du sinistre et l'on pourrait croire que l'assurance ne protège ses marchandises qu'à partir du moment où il ratifiera l'assurance contractée par le souscripteur de la police.

L'on a vu qu'un arrêt de 1857 a condamné cette doctrine trop gênante au point de vue pratique ; le mandat ultérieur que donne le propriétaire des marchandises qui veut invoquer la clause pour compte, équivaut à une ratification et rétroagit ; ce mandat peut n'être que tacite.

Une difficulté ne pourrait se présenter que si un tiers, sachant que des marchandises couvertes par une assurance pour compte, ont été détruites par un sinistre et profitant de la situation gênée du propriétaire, passait marché avec celui-ci, achetait les marchandises pour un prix dérisoire et ratifiait l'assurance pour toucher une grosse indemnité. En cette hypothèse, l'on ne serait plus en présence d'une assurance, œuvre de prévoyance et l'assureur aurait le droit de repousser la prétention du tiers qui, dans la circonstance, n'aurait voulu faire qu'une gageure, une spéculation.

En matière d'assurance simple, la doctrine et la jurisprudence admettent généralement que le véritable intéressé ne peut revendiquer le bénéfice du contrat passé sans son ordre, que s'il l'a ratifié avant l'arrivée du sinistre.

En est-il de même en matière d'assurance pour compte ? Une ratification est-elle nécessaire ? Nous ne le croyons pas.

D'abord il est fort possible qu'en fait, une ratification tacite soit intervenue. Le véritable intéressé sait, par exemple, que celui auquel il confie ses marchandises, est dans l'usage de les faire assurer ; il en a averti le public par des affiches ou des propectus. Le simple fait par le propriétaire de remettre à cet industriel ses marchandises, constitue une ratification tacite de l'assurance pour compte.

Même en l'absence de toute ratification, nous admettons que le propriétaire peut invoquer le contrat d'assurance pour compte passé sans son ordre ; tout au moins le fait de l'invoquer équivaut à une ratification qui rétroagit au jour de la signature de la police.

Cette décision est exigée par les besoins de la pratique et ne pas la consacrer, c'est enlever toute utilité à l'assurance pour compte. Comment un commissionnaire pourrait-il connaître les propriétaires successifs des marchandises qu'il fait assurer ? On ne saurait obliger ces propriétaires à venir chaque fois ratifier l'assurance.

Et quand bien même, il le voudrait, le souscripteur de la police serait souvent dans l'impossibilité d'obtenir l'adhésion au contrat des véritables assurés. Un entrepreneurs de transports qui traite avec un commissionnaire, ignore quels sont les propriétaires des marchandises qu'on lui confie ; le commissionnaire l'ignore peut-être aussi ; elles ont pu, avant de lui parvenir, passer par plusieurs mains ; obligera-t-on le souscripteur de la police à des recherches sur ce point ?

Bien plus, voici un industriel qui fait assurer, outre ses marchandises, les outils de ses ouvriers contenus dans son usine ; l'obligera-t-on à obtenir la ratification de ceux-ci ? La même impossibilité matérielle se présente dans la région lyonnaise où les fabricants confient leurs soies à filer à des ouvriers, travaillant chez eux. Autant vaudrait revenir à l'assurance simple.

Les assureurs ne peuvent demander à celui qui invoque une police d'assurance pour compte qu'une seule chose ; la preuve de son intérêt à la conservation de l'objet assuré.

Aussi dirons-nous que tout propriétaire, à condition

de prouver son droit, pourra invoquer l'assurance contractée sans son ordre et concernant les choses sur lesquelles porte sa propriété, et cela sans qu'il soit nécessaire d'une ratification. Par le fait même de la signature
de la police, les assureurs ont renoncé à exiger cette
ratification.

L'on peut tirer un argument, en faveur de cette solution, d'une hypothèse voisine. Un gérant d'affaires prévoyant a fait faire à la maison du maître dont il gère les
intérêts, des réparations urgentes ; puis la maison a
brûlé ; le maître ne pourra pas opposer ce cas fortuit
au gérant d'affaires pour se dispenser de l'indemniser
des dépenses que celui-ci a avancées, sous prétexte
qu'elles ont été rendues inutiles par le sinistre survenu
depuis et qu'il ne les approuve point. Il est lié par
l'acte utile qu'a fait le gérant ; car pour apprécier cette
utilité, il faut se placer au moment où l'acte à apprécier
est intervenu.

On peut en dire autant de l'assurance pour compte.
Ainsi un commissionnaire prudent a fait assurer pour
compte de qui il appartiendra les marchandises d'un de
ses clients. Si au moment de la signature de la police,
l'assurance formait une précaution utile, le quasi-contrat
de gestion d'affaires s'est formé et le propriétaire n'a pas
le droit à son gré de ratifier ou de ne pas ratifier l'assurance, pour échapper au remboursement des primes ou
réclamer l'indemnité. Il est lié par l'acte utile accompli

par le gérant. Il peut profiter des avantages, comme il doit supporter les obligations résultant de cette gestion ; peu importe donc que sa ratification intervienne avant ou après le sinistre.

CHAPITRE V

DE LA TRANSMISSION D'UNE POLICE POUR COMPTE

La police pour compte n'est ni une police à ordre, ni une police au
porteur. Pour pouvoir invoquer la police par compte, il faut prouver
un droit de propriété sur l'objet assuré. Opinions de M. Bédarride,
de M. Thaller.

Les règles générales sur la transmission des créances
s'appliquent aux titres commerciaux. Par suite, une police
à personne dénommée ne peut être transmise à un tiers,
qu'en observant les formalités prescrites par les articles
1689 et suivants du Code civil, c'est-à-dire par une cession-transport, par la remise du titre par le cédant au
cessionnaire et vis à vis des tiers par la signification du
transport faite au débiteur, ou tout au moins par son
acceptation du transport contenue dans un acte authentique.

Mais une police peut être à ordre ou au porteur ;

Valin (1) dans son commentaire de l'ordonnance de 1681 l'admettait déjà ; Emerigon suivit cette opinion ; et la doctrine et la jurisprudence sont d'accord pour l'approuver.

Donc, s'il s'agit d'une police à ordre, les articles 137 et 138 du Code de commerce s'appliquent qui décident qu'elle se transmet par voie d'endossement.

Quant à la police au porteur, elle se transfère, comme tous les titres de cette nature, par la simple remise de la police, de la main à la main.

Comment se transmet une police d'assurance pour compte ?

Si l'on admet qu'une telle police n'a la nature ni d'un effet à ordre, ni d'une valeur à ordre, le bénéfice n'en peut être transféré qu'en appliquant les dispositions de l'article 1689 du Code civil, par une cession-transport. Par suite, le porteur ne se trouve pas saisi à l'égard du tiers, l'assureur, si la signification ou l'acceptation prescrites par cet article n'ont pas eu lieu : l'assurance ne couvrira pas les risques.

En cas de saisie-arrêt antérieure à la signification ou à l'acceptation dans un acte authentique, le porteur ne pourra venir qu'en concours avec les créanciers opposants ; car à leur égard la cession vaut comme opposition.

Si, au contraire, l'on décide que la police contenant la clause pour compte a les caractères d'un titre à ordre ou au porteur, la translation pourra en être opérée par voie

(1) Valin, art. 3. t. 6. l. 3.

d'endossement ou plus simplement par la remise du titre lui-même.

Par suite, le tiers, porteur de la police, pourra invoquer la possession du titre à l'encontre de l'assuré et de ses créanciers et de ceux qui avaient pratiqué une saisie-arrêt entre les mains de l'assureur antérieurement à la remise du titre : le fait de la possession matérielle de la police donne à ce tiers un avantage opposable à tous.

Si l'on fait de la police pour compte une police au porteur, il en résulte cette conséquence que le tiers porteur qui veut toucher l'indemnité, n'a qu'une chose à prouver, la réalité du dommage ; cette preuve une fois faite, il est dispensé de toute autre justification (1).

---

(1) Cette thèse dont nous examinerons plus loin la valeur a été admise par un jugement du Tribunal de Marseille du 18 Janvier 1881 (*Journ. Juris.. Marseille* 1881, 2, 185).

Le tribunal exagérait même cette théorie en admettant que la police pour compte est transmissible par la simple remise du titre de la main à la main, que le fait de la possession de la police le fait présumer porteur sérieux et de bonne foi à l'égard des tiers et que pour exiger le paiement de l'indemnité en cas de sinistre, il n'a d'autre preuve à faire que celle de la possession de la police, même pas la preuve d'un intérêt à la conservation de la chose assurée. Le tribunal ajoute, il est vrai, que cette règle doit fléchir devant la preuve à faire du dol ou de la fraude.

« Attendu en droit qu'il est admis par la doctrine et la jurisprudence qu'une police d'assurance peut être à ordre ou au porteur; qu'elle a même de plein droit ce dernier caractère quand elle a été faite pour le compte de qui il appartiendra.....;

« Que la nature des effets au porteur étant d'être transmissibles par la simple tradition, celui qui détient le titre, doit légalement en être présumé porteur sérieux et de bonne foi à l'égard des tiers et qu'il a le droit incontestable d'en exiger le paiement sans être soumis à

D'abord, à notre avis, la clause pour compte ne fait pas de la police une police à ordre.

Dans la police pour compte, l'assureur est averti que le souscripteur traite pour toute personne qui a ou aura plus tard intérêt à la conservation de la chose, à charge de justifier de cet intérêt.

Si la police est une police à ordre, l'assureur s'est engagé à payer, en cas de sinistre, l'indemnité à toute personne qui sera devenue possesseur de la police par un endossement régulier. Ce possesseur pourra être un tiers, mais ce pourra être aussi le souscripteur de la police lui-même , alors que dans l'assurance pour compte, jamais ce cas ne pourra se présenter, le signataire de la police ayant toujours eu en vue l'intérêt d'autrui.

La police pour compte n'est pas non plus une police

aucune justification préalable; que cette règle ne doit fléchir que devant la preuve du dol ou de la fraude, preuve qui incombe à celu[i] qui conteste la légitimité de la possession du porteur. »

Cette doctrine a été admise par le tribunal de commerce du Havre dans un jugement en date du 31 mai 1875 (*Juris. Havre* 1875, 1, 165) et partant de cette idée que par la tradition du titre le porteur en est devenu propriétaire envers tous, il n'a pas admis la prétention d'un assureur qui opposait au porteur la résiliation du contrat d'assurance, consentie par le souscripteur de la police, à l'insu et sans le consentement du porteur de ladite police. »

Le jugement du tribunal de Marseille fut déféré à la Cour de Cassation, qui rejeta le pourvoi (la Loi du 19 mai 1886).

Mais M. Arthur Desjardins (*Tr. du Droit comm. marit.*, t. 6, p. 125) qui requit dans l'affaire, fait remarquer que. si la Cour rejeta le pourvoi, conformément à ses conclusions, ce fut pour un tout autre motif et elle évita de se prononcer sur la nature de la clause pour compte. au point de vue de la transmission de la police.

au porteur : dans l'hypothèse d'une clause au porteur, a droit à l'indemnité quiconque se trouve au moment du sinistre porteur de la police ; en outre ce tiers se trouve avoir été nanti du titre sans aucune formalité par la simple remise du titre ; a ces points de vue, l'assurance pour compte se distingue de la police au porteur.

D'abord n'a droit à l'indemnité, avec la clause pour compte, que celui qui se trouve au jour du sinistre avoir intérêt à la conservation de la chose assurée : il y a là une preuve à fournir pour celui qui se réclame du contrat. Il ne lui suffit pas d'être porteur de la police : il doit prouver sa qualité de propriétaire (1).

(1) Cette première différence a été fort bien mise en lumière par un jugement du tribunal de commerce de Marseille, en date du 18 mars 1882 : (*Journ. Juris. Marseille* 1883, 1, 251) :

« Il est de principe que l'assurance ne peut être faite que pour le compte des propriétaires de la chose assurée ; soit qu'elle ait été souscrite par celui à qui cette chose appartenait au moment de l'assurance, soit qu'elle ait été stipulée par son commissionnaire ou son mandataire. Elle ne pourrait avoir lieu pour le compte d'une personne étrangère à la chose exposée aux risques couverts par l'assurance, sans dégénérer en une gageure, essentiellement prohibée en matière d'assurance. Cette règle s'applique à l'assurance pour compte de qui il appartiendra, tout propriétaire éventuel s'y trouvant suffisamment désigné sans qu'il soit besoin d'une cession dans la clause pour compte, clause qui fait de lui non un représentant de l'assuré originaire, mais un assuré direct.....

« Il est nécessaire, à la vérité, que celui des propriétaires éventuels qui sera appelé à régler avec l'assureur soit porteur de la police ; mais si cette police lui profite, c'est parce qu'il est désigné par sa qualité de propriétaire de la chose assurée, ce n'est pas à titre de tiers porteur. Le sens juridique de la clause étant ainsi précisé, les effets en sont forcément limités à la personne de l'assuré, c'est-à-dire à celui qui justifie de la propriété de la chose assurée. Elle a pour unique but de

En outre, à la différence de la police au porteur, et en vertu de ce fait, que la possession de la police pour compte ne fait acquérir d'elle-même aucun droit, si le propriétaire de la chose assurée veut transmettre sa créance éventuelle, subordonnée à l'arrivée d'un sinistre, à des tiers qui n'ont aucun intérêt à la conservation de la chose et n'auront de droits qu'en vertu de ceux appartenant au propriétaire, ce dernier doit observer les règles du droit commun sur les cessions de créances (1).

donner satisfaction à la loi qui veut que l'assuré soit désigné. et pour unique avantage de substituer à une désignation individuelle une désignation collective, soumise toutefois à la condition qu'elle n'embrassera comme la première, que les personnes pour compte de qui il est permis d'assurer. »

V. Emerigon dans le même sens (chap. XI, sect. IV, § 3) « L'assu-« rance faite pour compte des intéressés au navire est valable vis-à-vis « de ceux dont l'intérêt au navire est justifié. Il en est de même de « l'assurance faite pour compte des intéressés à la cargaison ou à une « pacotille. »

(1) Le jugement précité du tribunal de Marseille ajoute :

« La clause pour compte de qui il appartiendra demeure sans influence sur tout ce qui concerne le mode de transmission de la police à des tiers pour lesquels l'assurance ne pourrait pas être valablement stipulée ou, en d'autres termes, à des tiers étrangers à la propriété de la chose couverte par l'assurance et qui ne sont les représentants de l'assuré que quant aux droits pouvant exister contre l'assureur. Ces tiers ne sauraient être admis à se faire ranger dans la catégorie des tiers pour compte et à se dire créanciers du montant de l'assurance, par assimilation à un assuré direct sur la seule production de la police. Simples cessionnaires de cette police. ils sont tenus de rapporter la preuve d'une transmission régulière. Or, il est constant, en matière de police d'assurance. comme en matière de connaissement, que la police n'est transmissible par la voie de l'endossement ou au moyen de la seule remise du titre. qu'autant qu'elle a été formellement stipulée à ordre ou au porteur. A défaut de l'une ou de

De cette idée qu'une signification aux tiers ou une acceptation du débiteur est nécessaire, il résulte que le cessionnaire de la police doit subir le concours des créanciers de l'assuré qui avaient formé opposition avant la signification du transport à l'assureur.

Ainsi donc, il ne suffit pas d'être porteur de la police pour compte pour avoir le droit de réclamer à l'assureur l'indemnité promise en cas de sinistre.

Il faut, de plus, avoir intérêt à la conservation de la chose exposée aux risques, il faut justifier de cet intérêt en prouvant son droit de propriété : par exemple, le tiers établira son intérêt par la production de la police et d'un connaissement conforme ; par là il établira sa qualité d'assuré direct.

Aussi trouvons nous inexacte l'opinion de M. Bédarride (1) qui dit : « comme tous les titres commerciaux, « la police d'assurance peut être faite à ordre ou au « porteur... Elle a même de plein droit ce dernier

l'autre de ces stipulations, la cession en est soumise, vis-à-vis des tiers, à la règle générale établie pour les transports de créances, par la disposition de l'article 1690 du Code civil. »

Ce jugement fut confirmé par la Cour d'Aix, le 7 décembre 1882 (*D. P.*, 1884, 2, 41).

« La clause qui porte que l'assurance est faite pour compte de qui il appartiendra ne signifie nullement que la police soit transmissible à toute personne par voie d'endossement. Elle signifie seulement que tout propriétaire présent ou futur de la chose assurée pourra exiger des assureurs le montant du sinistre, pourvu qu'il produise la police et qu'il justifie en même temps de son droit sur la chose qui a fait l'objet de l'assurance »

(1) M. Bédarride, t. III, *Commerce maritime*, n° 1078.

« caractère, si l'assurance a été faite pour compte de qui
« il appartiendra. »

L'expression de « titre au porteur » appliquée à une
telle assurance est inexacte ou tout au moins, elle
demande à être acceptée avec réserve.

Si par là on entend que tout porteur de la police pour
compte pourra s'en prévaloir, l'opinion est évidemment
insoutenable et M. Bédarride en fait justice lui-même
lorsqu'il ajoute : « cette clause en effet donne à tout porteur de la police « le droit d'exiger la perte s'il résulte
« des connaissements passés en son nom que des mar-
« chandises de la nature indiquée ont été chargées pour
« son compe sur le navire désigné. »

Et M. Bédarride cite à ce sujet une application de la
règle qu'il vient de poser et qui restreint la portée de
ses premières paroles : « le tribunal de commerce a
« même cru devoir l'appliquer dans une hypothèse où
« le porteur de la police pour compte avait, en son nom
« personnel et à une date postérieure, contracté une
« assurance sur facultés par lui chargées sur le même
« navire, n'étant devenu possesseur de la première
« qu'après la réalisation de la deuxième. Ce qui décide
« les juges, c'est que cette possession est antérieure à
« la connaissance du sinistre ; d'où la conséquence que,
« si elle avait suivi cette connaissance, le porteur ne
« pourrait s'en prévaloir (1). »

(1) V. ce jugement dans le *Journal de Marseille*, t. 13, 1, 91.

Ainsi donc la police qui contient la clause pour compte n'est pas un titre au porteur, dans le sens absolu du mot, c'est-à-dire qu'il ne suffit pas d'en être muni pour pouvoir l'invoquer ; à la possession du titre, il faut joindre la preuve de l'intérêt que l'on avait à la conservation des objets exposés aux risques ; cette preuve se fait par le mode ordinaire.

Telle était déjà l'opinion de nos anciens auteurs, comme Emerigon (1) et Casaregis (2) : pour eux, il faut toujours que le porteur de la police, en cas de sinistre, représente un connaissement de marchandises d'une valeur corrélative à la somme assurée, puisqu'il y a relation implicite entre les deux pièces. Et lorsqu'on soutient que le porteur d'une police pour compte a le droit de réclamer l'indemnité promise, on sous-entend cette condition, la preuve de l'intérêt à la conservation de l'objet assuré ; autrement, cette proposition serait inéxacte.

M. Thaller (3) critique cette théorie et écrit que l'insertion dans une police de la clause pour compte «... n'a « d'autre but que de laisser le propriétaire vrai et défi- « nitif de la chose assurée maître de se révéler plus « tard et n'influe pas sur le mode de transmission de la « police. »

Quant à la clause que l'indemnité ne devra être payée

(1) Emerigon. Chap. XI, sect. IV, § 3.
(2) Casaregis. *Disc.*, IV, n° 8.
(3) M. Thaller, *Revue critique de législation*, 1884, p. 376.

qu'au porteur des pièces justificatives et de la police,
c'est pour M. Thaller la preuve manifeste que les parties
ont voulu échapper aux prescriptions de l'article 1690
du Code civil ; et il condamne le jugement du tribunal
de Marseille précité qui sans avoir admis ce point de
départ, a donné aux créanciers opposants le pas sur le
cessionnaire de la police qui n'en a pas signifié la cession.

A cette opinion, on peut répondre par la tradition et
la coutume qui ont grande influence en matière commerciale. Le tribunal de Marseille ne s'est pas occupé du
tout de savoir si les parties avaient entendu ou non déroger à l'article 1690.

Décider le contraire, c'eût été admettre que la disposition de cet article est applicable, sauf clause contraire ;
or une telle obligation serait trop gênante en matière
commerciale. Comme le dit M. Desjardins : « On ne
« saurait écrire sur ces matières en faisant abstraction
« des usages commerciaux et sans se rendre compte de
« la portée qu'une ancienne tradition attribue à certai-
« nes formules (1). »

Au reste, l'article 25 de la police française porte que
« toutes pertes et avaries à la charge des assureurs sont
« payées comptant, trente jours après la remise com-
« plète des pièces justificatives, au porteur de ces pièces

(1) Desjardins, *Droit comm.*, t. 6, p. 123.

« et de la présente police, sans qu'il soit besoin de pro-
« curation. »

Comme le dit M. de Courcy (1), le fait de la remise de
la police n'a pas pour effet de la transformer en un titre
au porteur, semblable à une action de chemin de fer ou
à un billet de banque ; le porteur doit présenter, en
même temps que la police, les pièces justificatives établissant son intérêt à la conservation de la chose,
comme l'attestation de la perte, le compte d'avaries,
l'acte de délaissement, l'acte de vente des marchandises ;
la présentation de la police est insuffisante pour lui donner, par elle seule, droit à l'indemnité.

La preuve que la transmission de la police ne suffit
pas pour donner à un tiers, pour lequel la conservation
de la chose assurée est indifférente, un droit à l'indemnité, réside en ce fait que ce tiers n'a pas été représenté
par le souscripteur de la police, lorsque celle-ci a été
signée. Sa situation ne s'identifie pas avec celle de l'assuré ; ce dernier est tenu envers l'assureur à certaines
obligations auxquelles ce tiers demeure étranger ; par
exemple, il n'est pas tenu de la prime ou de son remboursement. La remise de la police ne peut que lui
transférer les actions de l'assuré contre l'assureur, qui a
de son côté contre lui, certaines exceptions, telles que le
manque d'intérêt à la conservation de la chose assurée.

Mais cette idée que le tiers n'est pas tenu du paiement

____

(1) M. de Courcy, *Comm. des polices françaises*, p. 195.

de la prime. comme l'est le souscripteur de la police, cette idée n'empêche pas qu'il soit obligé de laisser l'assureur en prélever le montant sur la somme représentant l'indemnité.

Quant à la production des pièces justificatives, elle se fera par tout moyen permettant au propriétaire d'établir son droit, tels que l'acte de francisation ou de transmission (1)

(1) Il a été fort justement jugé que l'assureur pour compte ne peut se refuser à payer, en cas de sinistre, l'indemnité promise, sous le prétexte qu'il n'a pas été prévenu de la vente du navire au cours de l'assurance ; la règle générale qui veut que le changement de propriétaire de la chose assurée mette fin au contrat ne s'applique pas, lorsqu'il s'agit d'une assurance pour compte. (Jug. de Bordeaux, du 29 novembre 1878 ; *Journ. jurisp. Bordeaux*, 1878, 1, 389.) La question ne pouvait faire de doute.

Signalons, en terminant ce chapitre. une question intéressante qui s'était élevée au sujet de marchandises assurées par un destinataire, pour le compte de qui il appartiendra ; faute de paiement, l'expéditeur avait revendiqué les marchandises : qui pouvait se réclamer de la police et profiter de l'assurance ; en outre, qui devait les primes.

La question fut jugée par une sentence arbitrale homologuée par le tribunal de commerce du Hâvre. le 19 mai 1873. (*Journ. jurisp. Marseille*, 1874. II, 114.)

La sentence arbitrale a fort justement décidé que la police appartenait au propriétaire véritable des marchandises, c'est-à-dire l'expéditeur, que les assureurs ne pouvaient prétendre un défaut de droit par le fait que cet expéditeur n'était pas détenteur de la police et que lui seul devait profiter de l'assurance pour compte, puisque par la résolution de la vente. il était redevenu le seul propriétaire des marchandises expédiées ; en retour, c'était lui qui devait supporter la charge de primes.

La question était délicate, car le revendiquant n'était pas porteur de la police et revendiquait le bénéfice de l'assurance, en se basant simplement sur son droit de propriété.

Nous citons ce jugement. qui est rédigé d'une façon fort remarquable :

« Attendu qu'en principe. l'assurance est une convension

s'il s'agit d'un navire, par le connaissement pour

personnelle qui n'a d'effet qu'entre les parties contratanctes ; que les créanciers de l'assuré ne peuvent exercer, en cas de perte, leur privilège sur l'assurance qui n'est pas subrogée à la chose perdue et reste la propriété de l'assuré et le gage commun de ses créanciers ; qu'il résulte sans doute de ces principes qu'en cas de perte totale de la marchandise, le revendiquant ne pourrait s'approprier l'assurance faite par l'acheteur et pour compte personnel du dit acheteur ; mais qu'il n'en est pas ainsi dans l'espèce, puisque, d'une part, l'assurance est faite pour compte de qui il appartiendra et que, d'autre part, la revendication porte bien sur la marchandise qui est seulement atteinte d'avaries particulières et grevée de sa contribution aux avaries grosses ;

« Qu'il s'agit donc de rechercher quel est l'effet de la police pour compte de qui il appartiendra et si le bénéfice en appartient au commissionnaire acheteur non payé et mis par la revendication en possession de la marchandise assurée ;

« Attendu que la police pour compte de qui il appartiendra a, dans le langage commercial, un sens fixé par la pratique et la jurisprudence ; qu'elle diffère de la police à ordre ; que dans celle-ci, l'assuré stipule comme intéressé à la chose assurée, mais sous la condition que l'assureur paiera aux mains de toute personne à laquelle il aura transmis la police ; que la détention de la police est donc pour le porteur la preuve de sa propriété et qu'elle suppose la transmission volontaire qui lui en a été faite par l'assuré ; qu'en un mot, la propriété est, dans ce cas, attachée à la détention ;

« Attendu que la police pour compte de qui il appartiendra a une signification plus générale et plus absolue ; que le souscripteur n'y stipule pas pour lui ou pour ses cessionnaires futurs et éventuels ; qu'il stipule pour celui, quel qu'il soit, qui justifiera avoir intérêt à la chose assurée ; qu'il n'est pas besoin de la transmission de la police par le souscripteur, puisque cet intéressé, inconnu au moment du contrat, recueille le bénéfice de l'assurance ; que c'est pour son compte que le contrat a été fait, que ses droits ont pris naissance au moment du contrat, que seulement il est masqué par la formule pour compte de qui il appartiendra ; qu'il lui suffit donc de se faire connaître et de produire ses titres, au moment du paiement, pour exercer ses droits ; qu'en un mot, là où est l'intérêt de la chose assurée, là est le droit à l'assurance ;

« Qu'il importe peu, dès lors, que MM. X... X... fussent, au moment de la revendication, et qu'ils soient encore aujourd'hui,

des marchandises, en un mot par les voies ordinaires (1).

détenteurs de la police et qu'un compromis soit même intervenu entre eux et les assureurs puisqu'ils n'ont pu détenir et procéder que pour compte du véritable assuré désigné par la formule pour compte de qui il appartiendra ;

« Attendu qu'il s'agit maintenant d'examiner si le revendiquant est le propriétaire de la marchandise assurée et celui pour le compte duquel la police a été faite ;

« Attendu que le vendeur ou le commissionnaire acheteur non payé, revendiquant la chose vendue, est réputé n'avoir pas cessé d'en être le propriétaire ; qu'en effet, soit qu'on considère la revendication comme une conséquence de la résolution de la vente ou comme une disposition « sui generis », une extension du droit de rétention édictée dans l'intérêt général du commerce, dans les deux cas, la vente s'efface et les parties sont replacées au même état que si la vente n'avait pas eu lieu ; qu'il est donc incontestable que MM. X... X... n'ont jamais cessé d'être propriétaires de la marchandise assurée et qu'ils l'étaient, par conséquent, au moment où a été contractée l'assurance qui la couvre : qu'ils sont donc les véritables assurés ;

« Attendu, d'un autre côté, qu'il n'y a pas perte, mais seulement avarie de la marchandise revendiquée ; que c'est une raison de plus de décider que l'assurance de cette marchandise ne doit profiter qu'au revendiquant ; qu'en effet, on ne comprend que MM. Z... Z... qui n'ont jamais été propriétaires de la marchandise assurée, puissent se faire payer par les assureurs une avarie qui ne les concerne pas et dont ils ne supportent pas la perte ; que d'ailleurs la loi commerciale fournit à cet égard un argument décisif, puisqu'elle oblige le revendiquant à rembourser à la masse toutes les avances faites pour assurances, ce qui ne peut s'entendre que de la prime ; que sans doute l'article 576 n'a pas pour but principal de régler le droit à l'assurance entre l'acheteur et le revendiquant, mais surtout de tenir la masse indemne de tout déboursé occasionné par la chose revendiquée ; que, toutefois, tout s'enchaîne et se coordonne dans l'œuvre du législateur ; que si le revendiquant est tenu de rembourser la prime quand il s'agit d'une assurance à l'état sain, c'est que, la propriété de la marchandise lui ayant toujours appartenu, l'assurance est réputée avoir été faite pour son compte et dans son intérêt, d'où la conséquence qu'en cas d'avarie, l'assurance ne peut appartenir qu'au revendiquant, qui, d'ailleurs, obligé de payer la prime, est nécessairement subrogé dans les droits du souscripteur. »

(1) MM. Lyon-Caen et Renault, *Précis de Droit com..* VI,

Nous irions même plus loin, jusqu'à admettre qu'il suffit que le propriétaire soit porteur de la police pourvu qu'il puisse établir par un titre régulier son droit de propriété ; par exemple, la remise du connaissement, qui établit son droit de propriété sur les marchandises achetées, lui donne, en même temps, droit à l'assurance (1).

n° 1214, font de la police pour compte une police au porteur, mais à charge pour ce porteur de prouver le risque.

M. Lyon-Caen (*Revue critique*, 1892, p. 361. et 1894, p. 489), assimile une police pour compte à une police au porteur ; nous nous permettons de ne pas être de l'avis du savant professeur. La police pour compte a été contractée par le souscripteur dans l'intérêt de celui qui sera propriétaire lors du sinistre ; elle n'a donc pas été signée en vue de profiter à un tiers quelconque. (V. en ce sens un article de M. Tissier, dans Sirey, 1895, 1, 225.)

(1) V. en ce sens un jugement du tribunal civil de la Seine, du 10 août 1878. (*Journ. jurisp.*, *Marseille*, 1879, 2, 154.)

CHAPITRE VI

CONCOURS DE PLUSIEURS ASSURANCES

Position de la question. — Différents systèmes ont été proposés. L'un fait supporter la charge de l'indemnité par l'assureur pour compte, l'autre par l'assureur direct. — Jugement du tribunal d'Elbeuf. — Un autre système s'occupe uniquement de la date des polices. — Critiques de ces différentes opinions. — Le seul système applicable est celui de la coassurance; sa justification.

Il peut arriver qu'une assurance pour compte ait été contractée relativement à certaines marchandises, puis que le propriétaire ignorant ce fait, de son côté souscrive lui-même une police pour protéger ces mêmes marchandises de tout risque (1).

Quelle est, en cas de sinistre, l'assurance qui sera ap-

(1) V. M. de Courcy. *Quest. de droit marit.* qui à propos de l'article 359, explique comment, en fait et sans erreur, de nombreuses assurances peuvent être contractées relativement au même objet (1. p. 353) : « L'expéditeur, le destinataire, l'associé, l'acheteur, le banquier ont pu avoir un intérêt pareillement légitime à faire assurer. »

plicable ? En d'autres termes, quelle est celle des deux compagnies qui devra supporter la charge de l'indemnité ?

Il est évident que le débat s'engagera entre les assureurs, l'assuré n'ayant aucun intérêt à être payé par l'un plutôt que par l'autre.

Mais les assureurs chercheront à éviter toute charge. En effet, l'assureur direct du propriétaire ne peut renvoyer celui-ci à l'assureur pour compte. La seule difficulté qui existe est celle de savoir si, une fois le propriétaire désintéressé, l'assureur direct étant subrogé aux droits de celui-ci, ne peut pas se retourner contre l'assureur pour compte et se faire rembourser l'indemnité qu'il n'aurait fait qu'avancer.

Deux systèmes complètement opposés, sont en présence : les assureurs directs font supporter l'indemnité à payer par l'assureur pour compte; l'autre système qui est soutenu par les assureurs pour compte, met la totalité des dommages à la charge de l'assureur du propriétaire (1).

Le premier système fait supporter l'indemnité uniquement à l'assureur pour compte. Voici quels sont les arguments.

Il faut interpréter la volonté du propriétaire d'une

(1) V. deux articles exposant ces systèmes dans le *Jour. des Ass.* (1861, p. 157 et 241).

part et celle du souscripteur de la police d'autre part et voir quelles sont leurs intentions.

Quelle est d'abord, dit ce système, l'intention du souscripteur de la police ? Elle n'est pas douteuse. Qu'il s'agisse d'un ouvrier à façon, d'un dépositaire ou d'un commissionnaire, le but poursuivi est certain. Le souscripteur de la police veut d'abord mettre sa propre responsabilité à couvert et se prémunir contre ses fautes personnelles ; mais il veut surtout offrir toutes garanties à ses clients, ce que son crédit commercial ou son état de fortune ne permettent pas d'espérer ; ses clients auront beaucoup plus confiance en la garantie d'une compagnie d'assurances riche et puissante : l'assurance pour compte est un moyen d'achalandage et de réclame. En pratique, souvent, le dépositaire souscripteur de la police se sera engagé par voie d'affiches ou de prospectus à assurer pour compte les marchandises qui lui seront confiées.

Il ne lui suffit pas que ses déposants soient couverts par une assurance convenue par eux ; ce qu'il désire, c'est que ce soient ses propres assureurs qui couvrent le risque des marchandises chez lui déposées. C'est pour lui une question de crédit : ses clients doivent avoir une sécurité complète : tel est le but que poursuit le souscripteur de la police.

D'autre part, la compagnie qui a accepté la police pour compte ne peut méconnaître cette intention ; elle sait que ce ne sont pas ses propres marchandises que le dépositaire a voulu assurer, qu'elle devra payer, en cas de sinistre, une indemnité à un propriétaire qu'elle ignore encore.

En outre, la compagnie d'assurances ne peut prétendre qu'elle ignore les risques auxquels sont exposées les marchandises assurées, puisqu'elle connaît le dépositaire, les conditions et le lieu du dépôt. Elle a donc entre les mains tous les éléments pour apprécier les risques à courir et elle perçoit une prime proportionnée à ces risques.

Elle a agi en parfaite connaissance de cause ; elle s'est engagée à payer l'indemnité à quiconque justifierait avoir intérêt à la conservation de la chose assurée ; elle a garanti toutes les éventualités possibles ; elle a eu la volonté de couvrir tous les risques, sans s'occuper des circonstances extérieures au contrat qui pourraient intervenir.

Elle ne pourra donc pas invoquer l'assurance directe contractée par le propriétaire des marchandises.

En effet, si ce propriétaire, de son côté, a contracté cette assurance, c'est qu'il a voulu se mettre à l'abri de tout risque, être certain d'avoir toute garantie : la police pour compte pourrait être éteinte, être annulée en vertu de certaines déchéances encourues par le souscripteur. Dans son intention, l'assurance directe n'est que subsidiaire.

« Loin (1) donc que son intention eût été d'empêcher

(1) V. article précité dans le *Journ. des ass.*

« cette dernière assurance (celle pour compte) de
« produire le cas échéant ses effets à son profit d'une
« façon principale, il faut reconnaître bien plutôt qu'il a
« été dans sa volonté qu'il en fut ainsi puisque l'assu-
« rance par lui consentie n'était dans sa pensée, qu'un
« en cas subordonné à la non exécution de la police du
« dépositaire, et qu'il s'en serait sûrement abstenu, s'il
« eut été certain que cette police recevrait son exécu-
« tion. »

En résumé, l'on peut dire que l'on se trouve en
présence, d'une part, d'une assurance principale, l'assurance pour compte, par laquelle la compagnie assureur
s'est engagée, en tous cas et en première ligne, à indemniser celui qui justifiera avoir intérêt au contrat ; elle
ne peut se plaindre : elle a eu en main tous les éléments
pour apprécier les risques auxquels elle s'exposait.

D'autre part, existe une assurance subsidiaire contractée directement par le propriétaire, qui ne peut avoir
utilité qu'à défaut et en remplacement de la première ;
elle ne sert qu'à donner un complément de sécurité.

Si telle est bien la situation, si elle résulte clairement
de la volonté des parties, l'on ne se trouve plus en présence de deux assurances placées sur le même plan.
La situation est tout autre et plus simple ; le propriétaire,
en cas de sinistre, s'adressera d'abord à la compagnie,
qui a assuré pour compte ; c'est elle qui est l'assureur
principal, qui doit en première ligne d'indemnité.

Mais si cette indemnité est insuffisante pour désintéresser complètement le propriétaire ou si l'assurance pour compte vient à s'évanouir, la deuxième compagnie sera tenue en vertu de l'assurance directe.

M. Pouget arrive à la même solution, c'est-à-dire à la prédominance de l'assurance pour compte, par une autre théorie et d'autres arguments.

D'abord, dit cet auteur, on ne peut invoquer ici l'article 359 du Code de commerce qui ne peut s'appliquer ici ; en effet cet article règle l'hypothèse où il existe plusieurs assurances faites sur le même chargement ; or ici, telle n'est pas la situation, puisqu'il s'agit d'une assurance principale et d'une assurance subsidiaire, et cela de par la volonté des parties.

Ensuite, l'on ne peut donner une prédominance à l'assurance directe sur l'assurance pour compte, par cette raison qu'en contractant cette dernière assurance, le souscripteur de la police a agi comme gérant d'affaires et n'a entendu que faire l'affaire du maître.

Le propriétaire s'adressera à la compagnie assureur pour compte parce qu'en consentant une police de cette nature, elle s'est refusé le droit de discuter quel serait le bénéficiaire du contrat.

Enfin cette solution a l'avantage, ajoute M. Pouget, de profiter au dépositaire, en donnant toute sécurité à ses clients et en évitant tout recours contre lui et aussi au déposant qui n'a pas à se préoccuper de contracter une assurance directe et enfin aux compagnies d'assurances, en évitant tout procès et en leur permettant de demander une prime plus élevée, à raison du risque couru.

En résumé, le premier système, se fondant sur la commune intention des parties, déposant, dépositaire et assureur, conclut à la responsabilité de l'assureur pour compte, sans s'occuper de la date respective des assurances, des causes ou des origines du sinistre. Par suite, si l'indemnité promise par l'assureur pour compte est insuffisante, le propriétaire, seulement en ce cas, aura le droit de se retourner contre son assureur direct pour lui demander un complément d'indemnité. Enfin si cet assureur direct, par erreur ou ignorance, a payé l'indemnité, il aura le droit de se retourner contre l'assureur pour compte, pour se faire rembourser la somme versée jusqu'à concurrence de celle promise par celui-ci.

Le second système, au contraire, décide que le propriétaire doit s'adresser en première ligne à son assureur direct et l'assureur pour compte n'est tenu que subsidiairement et cela, aussi par interprétation de la volonté des parties.

Pour les partisans de ce système, le dépositaire, en souscrivant une assurance pour compte n'a eu pour but que de donner toute sécurité au propriétaire des objets garantis pour le cas où, au moment du sinistre, l'assurance directe serait insuffisante et ne le couvrirait pas complètement. Mais, du moment où existe une assurance directe suffisante, l'assurance pour compte disparaît ; elle devient un contrat nul, inexistant comme sans cause.

Et ce système invoque les principes de la gestion d'affaires. Le maître ne doit ratifier les dépenses faites par le gérant qu'à la condition qu'elles aient eu un caractère d'utilité au moment où elles ont été faites.

Or tel n'est pas le cas ici : ou bien le propriétaire était déjà assuré au moment où le dépositaire a contracté l'assurance pour compte et celui-ci est en faute de ne pas s'être informé des intentions du propriétaire pour s'éviter de faire un acte inutile ; le propriétaire ne ratifiera pas l'acte du gérant qui seul sera lié et devra la prime.

Ou bien le propriétaire n'était pas encore assuré lors de la signature de la police pour compte et le dépositaire a encore commis une faute en ne s'informant pas près de celui-ci pour savoir s'il ne voulait pas contracter une assurance. Si le propriétaire, par la suite, contracte une assurance, celle-là seule sera valable ; et l'on invoque le premier argument tiré de la commune intention des parties : la police pour compte ne sera qu'une garantie subsidiaire. Dans la mesure seulement où le propriétaire n'est pas complètement couvert par l'assurance directe qu'il a souscrite, l'assurance pour compte a été utile et dans cette mesure seulement, le contrat de gestion d'affaires a pu se former pour la valider.

Ainsi donc dans ces deux systèmes, on plaidait le tout ou rien, sans tenir compte des dates des polices ; avait la prédominance ou l'assurance directe ou l'assurance pour compte, mais toujours en invoquant la commune intention des parties.

Tel était l'état de la question quand intervint un jugement du tribunal d'Elbœuf (1), en date du 8 novem-

(1) *Jour. des ass.* (1862. 80). Nous citons en entier ce jugement qui
a eu un grand retentissement dans la pratique et a fait autorité en la
matière :

« Le Tribunal : attendu que les compagnies d'assurances le *Phénix*,
l'*Union*, la *France* et l'*Urbaine*, agissant conjointement, demandent
à ce que la dame Bastien et la Compagnie la *Confiance* soient tenues
solidairement de leur payer la somme de 5.217 fr. 10 ; que pour se
dire bien fondées, elles exposent que par suite d'un contrat d'assurance intervenu entre elles et Vauquelin, elles ont assuré les marchandises de ce dernier étant ou pouvant exister chez les sécheurs
publics d'Elbeuf ; que l'incendie du 25 janvier dernier, ayant détruit
chez la dame Bastien, sécheur, partie des marchandises appartenant
à Vauquelin et estimée par les experts à 5.112 fr. 50, elles ont payé
à ce dernier la valeur de ses marchandises sans intérêt ; qu'en raison
de l'article 23 de la police de cette assurance stipulant au profit des
Compagnies subrogation par l'assuré des droits qu'il peut avoir, et en
exécution de cette subrogation, elles actionnent la dame Bastien chez
laquelle se trouvaient les marchandises incendiées et la Compagnie
la *Confiance* comme assureur chez ladite dame des marchandises
pour compte de qui il appartiendra ;

« Attendu que la dame Bastien prétendant n'être responsable à
aucun point de vue, ni solidairement avec la *Confiance*, demande sa
mise hors de cause, passant obéissance de consentir aux risques,
périls et frais des demanderesses, tout transport ou délégation utile
de ses droits contre la Compagnie la *Confiance* ;

« Attendu que la Compagnie la *Confiance* conclut au rejet de la
demande des Compagnies, se basant sur ce que Vauquelin a directement contracté avec ces Compagnies ; qu'ainsi il n'a nullement
accepté le contrat fait par la dame Bastien avec la *Confiance* pour
compte de qui il appartiendra ;

« Attendu que la validité de la subrogation, stipulée en l'article
23 de la police d'assurance entre Vauquelin et les Compagnies,
n'est pas contestée ; qu'il s'agit seulement d'examiner le bien
fondé de la demande en elle-même des Compagnies en vertu de cette
subrogation et de cette même demande relativement à la dame Bastien et la *Confiance* ;

« Sur le premier point, attendu que dans le contrat d'assurance

bre 1861, qui adopta le premier système en admettant le

intervenu entre Vauquelin et les Compagnies, l'article 9 désigne spécialement les marchandises déposées ou pouvant l'être chez les sécheurs publics d'Elbeuf; que cette assurance sur marchandises dont le dépôt peut être fait tantôt dans un établissement, tantôt dans un autre, sans indication précise d'époque et de qualité, est et doit être considéré comme assurance sur marchandises flottantes; que les variations continuelles que subissent les marchandises ainsi assurées, soit dans la durée du séjour dans l'établissement, soit dans le choix de ces établissements, soit encore par leur multiplicité, variations exigées par les exigences de la fabrication, ne permettant pas aux propriétaires de ces marchandises de s'enquérir à chaque fois des garanties personnelles que peut lui présenter celui auquel il les confie et en cas d'assurance contractée par ce dernier pour compte de qui il appartiendra, si les sommes assurées représentent suffisamment la valeur des marchandises qui lui sont confiées par divers et dont l'importance varie chaque jour; que l'assurance sur marchandises flottantes obvie à ces incertitudes et n'est de la part de celui qui la contracte, qu'une mesure prise en vue de sa complète sécurité et pour la garantie de toute éventualité de perte pouvant surgir en cas de sinistre, soit de l'insuffisance pécuniaire de celui auquel il a remis ses marchandises; soit de celle des sommes assurées par ledit sur ces marchandises, qu'ainsi cette assurance lui est particulière, peut profiter à lui seul et n'altère ni ne diminue en quoi que ce soit la responsabilité de celui qui a reçu les marchandises vis-à-vis du propriétaire, et par conséquent les droits de ce dernier à son égard; que pour définir nettement la position des Compagnies demanderesses vis-à-vis des défenderesses, on ne saurait les considérer que comme des sous garants qui, ayant acquitté sa dette vis-à-vis du garanti et subrogé en ses droits, viennent en demander paiement aux garants principaux et au même titre qu'à la dame Bastien et à la *Confiance*; que la subrogation en vertu de laquelle elles agissent, est, en elle-même, une preuve de leur position de sous-garants, puisqu'elle leur constitue un droit de recours contre les garants ou premiers obligés, la dame Bastien et la *Confiance* tandis que celles-ci n'ont aucun droit de même nature envers elle; qu'il faut donc reconnaître comme bien fondée en elle-même la demande des Compagnies;

« En ce qui concerne la dame Bastien;

« Attendu que, suivant un jugement de ce tribunal, jugement confirmé par arrêt de la Cour d'appel de Rouen, la dame Bastien exploite

recours intégral des assureurs directs, dits en pratique assureurs du flottant, contre les assureurs pour compte; il consacre le système de la sous-garantie de l'assurance directe.

Ce jugement admet donc que l'assureur direct a un recours contre l'assureur pour compte ; c'est dire que l'assurance directe n'est qu'une sous-garantie et que

comme propriétaire, un établissement industriel tant pour la force motrice que pour l'essorage et le séchage des laines et draps; qu'elle est, par conséquent, responsable des marchandises qui lui sont confiées pour être ouvrées; que les demanderesses, en les droits qu'elles agissent, doivent être accueillies quant à leur demande.

« En ce qui se rapporte à la *Confiance*;

« Attendu que la dame Bastien a contracté avec la *Confiance* et assuré pour compte de qui il appartiendra; que ceux auxqels il appartient sont évidemment ceux qui, au jour du sinistre, étaient propriétaires des marchandises incendiées; que d'après le rapport des experts, validé par la Cour d'appel de Rouen, Vauquelin est propriétaire d'une partie des marchandises sinistrées chez la dame Bastien et assurées par la *Confiance* pour une somme en principal de 5.112 fr. 50 ; qu'à ce titre, Vauquelin, et par suite, les Compagnies subrogées sont fondées en leur demande vis-à-vis de la Compagnie la *Confiance*, reconnue, par l'arrêt précité, responsable des marchandises sinistrées chez la dame Bastien ;

« Sur la solidarité, attendu que de ce qui précède, il résulte que la dame Bastien et la *Confiance* sont débiteurs d'une même somme pour une même cause et vis-à-vis d'une même personne ; que l'entière responsabilité de chacune pour une même dette constitue la solidarité qui est la garantie du commerce;

« Par ces motifs, déclare les Compagnies bien fondées en leur action contre la dame Bastien et la *Confiance* et y faisant droit, condamne solidairement la dame Bastien par corps à payer auxdites Compagnie la somme de 5.247 fr. 10, en remboursement de même somme payée par elles à Vauquelin pour valeur des marchandises incendiées chez la dame Bastien, plus les intérêts de droit. »

l'assureur pour compte doit venir en première ligne pour supporter seul l'indemnité à payer.

Au reste. peu de temps avant le jugement du tribunal d'Elbœuf, le 12 avril 1861, le comité consultatif des compagnies d'assurances contre l'incendie avait été consulté sur la question et avait paru admettre la même solution en ces termes : « le comité reconnaît que lors-
« qu'un dépositaire ne se borne pas à faire assurer, en
« cette simple qualité, les marchandises qu'il a en dépôt,
« mais les fait garantir pour le compte de qui il appar-
« tiendra, il doit être considéré comme « négotiorum
« gestor » vis à vis de ses déposants et que, dès lors, la
« compagnie qui l'assure doit, dans tous les cas fortuits,
« ou dans celui de communication d'incendie, répondre
« des marchandises assurées avec cette stipulation. Il
« suit naturellement de ce qui précède que la dite com-
« pagnie ne peut décliner le recours des assureurs
« qui ont garanti directement les propriétaires de ces
« marchandises. »

Mais cette décision tranchait plutôt une autre question, celle de savoir si le souscripteur de la police, en contractant une assurance pour compte, ne faisait pas simplement une assurance de responsabilité qui, par suite, ne donnait aucun droit contre l'assureur au propriétaire des objets garantis, lorsque la responsabilité de ce souscripteur ne se trouvait pas engagée. Et le comité répondait avec raison que l'assureur n'avait aucune distinction à faire. qu'il s'était engagé en connaissance de cause

et qu'il devait indemniser le propriétaire des marchandises ayant souffert un préjudice quelconque, même
résultant d'un cas fortuit ; car il répond de tout risque.

Par suite, si l'assureur direct a indemnisé le propriétaire, il aura un recours contre l'assureur pour compte,
pour se faire rembourser cette indemnité. Mais ce que
le comité avait voulu surtout décider, c'était une question d'interprétation de la clause pour compte et sa portée générale.

Tel était l'état de la question lorsqu'elle s'éleva à nouveau à propos d'un arrêt de la cour d'Amiens du 10
juin 1887, qu'au reste nous retrouverons à propos d'un
autre sujet.

Cet arrêt décide que la déchéance encourue par le
souscripteur d'une police pour compte n'est pas opposable aux tiers propriétaires de marchandises assurées,
lorsque ceux-ci ne se sont pas rendus complices des
fraudes commises par le souscripteur de la police.

Or, parmi ces tiers, il s'en trouva qui avaient assuré
directement leurs marchandises ; le sinistre arrivé, leurs
assureurs individuels les avaient indemnisés.

Une discussion s'éleva de compagnies à compagnies,
après l'arrêt de la cour d'Amiens.

Les assureurs directs, étant subrogés dans les droits
de leurs assurés, voulurent se faire rembourser les
indemnités qu'elles avaient versées à ceux-ci par les
compagnies, assureurs pour compte des marchandises
sinistrées en dépôt chez le souscripteur de la police.

Pour arriver à ce but, les assureurs directs reprirent la thèse qui avait triomphé devant le tribunal d'Elbeuf, celle de la responsabilité intégrale de l'assureur pour compte ; ils ajoutaient que depuis ce jugement les usages commerciaux étaient constants et la pratique fixée : en conséquence, ils réclamaient le remboursement des indemnités par eux versées.

Les assureurs pour compte se refusèrent à céder à ces prétentions et un procès s'engagea devant le tribunal civil de la Seine. La question était importante pour les compagnies : il s'agissait de faire fixer un point de doctrine.

A ce sujet, deux nouveaux systèmes furent proposés.

L'un fut soutenu par M. Vavasseur (1) ; pour cet auteur la question de savoir qui doit supporter définitivement l'indemnité se réduit à une question de dates.

L'assurance directe est-elle antérieure à l'assurance pour compte, l'assureur direct, après avoir versé l'indemnité promise, ne peut rien réclamer à l'assureur pour compte. Car le souscripteur de la police, en la signant a fait un acte de gestion d'affaires inutile ; en effet la propriété de l'assuré véritable se trouvait déjà suffisamment garantie par une assurance et le maître n'est tenu que de ratifier les actes utiles du gérant ; le souscripteur de la police a fait un acte nul, comme sans cause.

(1) Vavasseur. *Revue des Sociétés*, 1890, p. 208.

Et cette opinion invoque l'article 359 du Code de commerce : « S'il existe plusieurs contrats d'assurance faits
« sans fraude sur le même chargement et que le pre-
« mier contrat assure l'entière valeur des effets chargés,
« il subsistera seul (1) . »

Ce texte établit le principe de l'ordre des dates des polices. Pourquoi ne pas l'appliquer ici ? Donc, c'est l'assureur personnel du propriétaire qui devra seul l'indemnité, puisque c'est lui qui s'est engagé le premier, avant l'assureur pour compte.

Mais si l'on suppose l'hypothèse inverse, si l'assurance pour compte est antérieure à l'assurance contractée par le propriétaire, il faut admettre une autre solution.

Le souscripteur de la police, en contractant une assurance pour compte, a fait un acte de gestion d'affaire, qui lie le propriétaire comme constituant une dépense utile ; elle est la première en date, par suite la seule valable.

En résumé, pour le cas du concours de plusieurs assurances, trois systèmes se trouvent en présence.

1° L'un qui met l'indemnité, à la charge de l'assureur pour compte ;

(1) Cette opinion peut aussi invoquer en ce sens un arrêt de la Cour de Douai, du 5 février 1877 (D. 1878. 5, 51), qui déclare cet article applicable aux assurances terrestres, de même que toutes les autres règles tracées par le Code de commerce sur les assurances maritimes, lorsqu'il n'y est pas dérogé par des dispositions ou des conventions particulières ; dans cette opinion, les assurances postérieures ne seraient valables qu'à partir de l'excédent de dommages non couverts par les assurances précédentes.

2° L'autre qui fait de l'assureur direct le seul débiteur de cette indemnité ;

3° Le troisième qui s'occupe de la date des polices respectives pour ne considérer que celle qui est intervenue la première.

Ces trois systèmes nous semblent prêter fortement à la critique.

Si nous considérons d'abord les deux premiers systèmes, l'on peut dire, qu'il s'agisse d'une assurance directe ou d'une assurance pour compte, que toutes deux ont été contractées au nom du propriétaire, soit par lui-même, soit par le souscripteur de la police, en vertu d'une gestion d'affaire ou d'un mandat tacite. Alors, pourquoi l'un des deux assureurs devrait-il, à l'exclusion de l'autre, supporter la totalité des dommages en cas de sinistre, puisque tous deux sont tenus en vertu du même principe ?

Bien plus, l'on ne peut comprendre pourquoi l'on prétend exonérer celui des deux assureurs qui a traité directement avec le propriétaire des objets assurés, et cela au détriment de l'assureur qui n'a jamais passé contrat avec lui, qui ne le connaît pas personnellement et ne s'est engagé à l'indemniser qu'à raison d'une clause pour compte consentie à un tiers. Il semble plus rationnel, à première vue, de mettre au premier rang des obligés celui qui a traité directement avec le propriétaire plutôt que celui qui s'est lié par un intermédiaire, dans l'ignorance du véritable intéressé.

Quant à l'argument tiré de la commune intention des parties, il est spécieux et n'a pas grande valeur puisqu'on le voit invoqué avec autant de force mais en sens contraire par les partisans des deux systèmes. Tous deux parlent d'assurance principale et d'assurance subsidiaire, d'assurance de sous-garantie.

Mais ce sont là des pétitions de principes imaginés pour les besoins de la cause ; rien dans le contrat ne permet de telles suppositions. Qu'on interroge chacune des parties, leur réponse ne saurait faire de doute : chacune a voulu contracter une assurance donnant toute garantie soit à elle-même, soit à son mandant ; chacune a agi dans sa sphère, dans l'ignorance des faits accomplis par autrui. Et l'argument tiré de leur commune intention n'aurait quelque valeur que si chacune avait connu l'assurance contractée par l'autre avant la sienne.

Mais, pratiquement, le fait est inadmissible : le propriétaire se contente de l'assurance pour compte contractée par le dépositaire et celui-ci ne signe pas une assurance pour compte s'il sait qu'une assurance directe est déjà intervenue. Pourquoi vouloir payer inutilement des primes ?

En outre, s'il était vrai, comme le prétend le premier système, que l'assureur direct n'est tenu que comme sous-garant, il en résulterait que l'assureur direct aurait le droit de renvoyer l'assuré, en cas de sinistre, à l'assureur pour compte.

Or, jamais les partisans de cette opinion n'ont admis une pareille conséquence qui choque trop les principes : les assureurs directs ne connaissent que celui envers qui ils se sont engagés et ignorent l'assurance pour compte.

Le système qui fait de l'assurance pour compte une assurance subsidiaire qui n'a d'effet que pour les intéressés qui ne sont pas directement couverts, semble plus logique et est plus spécieux : cette assurance n'est qu'éventuelle, dit-on, et n'engage l'assureur qu'à défaut d'une assurance directe principale, contractée par le propriétaire.

Mais cette argumentation est combattue par les termes de la police et de l'engagement des parties.

En effet, la police pour compte couvre tous les objets désignés par la formule pour le compte de qui il appartiendra, et cela sans distinction ; sont protégés tous ceux qui justifieront avoir intérêt à la conservation de ces objets.

Or, l'on sait avec quel soin, les compagnies d'assurance étudient les polices qu'elles signent. Elles ne laissent rien à l'aventure, sachant par expérience combien une clause obscure peut donner lieu à des difficultés et qu'en général, les tribunaux sont loin de leur être favorables : il est inadmissible de soutenir que la compagnie assureur pour compte n'ait entendu contracter qu'une garantie de sous-ordre, à défaut de toute autre, alors que la police qu'elle a consentie est muette sur ce point si important.

Ainsi donc, les deux premiers systèmes nous semblent mauvais ; celui de M. Vavasseur ne nous semble pas meilleur.

Cet auteur part de ce principe que l'assurance pour compte n'a servi de rien parce qu'elle est intervenue après l'assurance directe contractée par le propriétaire ; ce dernier, le maître, ne peut ratifier un acte nul ; et cet auteur en conclut que l'assureur pour compte ne sera jamais lié, le contrat passé par le souscripteur de la police ne pouvant jamais être ratifié.

C'est là, à notre avis, qu'est l'erreur. Certes, si un sinistre ne se produit pas, le propriétaire pourra se refuser à ratifier l'assurance pour compte et pratiquement à rembourser la prime avancée par le souscripteur de la police, et cela en lui objectant l'inutilité de l'acte par lui accompli, en présence de son assurance directe.

Mais qu'un sinistre intervienne, quelle raison pourra empêcher le propriétaire de ratifier l'assurance pour compte, en la faisant sienne, pour en profiter : le maître peut refuser de ratifier les actes inutiles passé par le gérant ; mais il n'y est pas obligé.

Quant au souscripteur de la police, il ne pourrait objecter que l'assurance pour compte est inutile en présence de l'assurance directe contractée par le propriétaire : cette exception est essentiellement personnelle à ce dernier et ne peut être opposée que par lui : il a le droit d'y renoncer.

Or cette renonciation peut s'induire du fait qu'il cède tous ses droits contre qui de droit à son assureur direct.

Enfin invoquer ici l'article 359 du Code de commerce, c'est vouloir l'appliquer à contre-temps. La doctrine a toujours admis que cet article signifie qu'en cas de plusieurs assurances relatives au même objet, chacune doit supporter sa part du dommage, proportionnellement, sans tenir compte de leur ordre en date (1).

Au reste la jurisprudence, quoique l'on trouve des décisions en sens contraire (2) admet en général que l'article 359 ne s'applique pas en matière terrestre, ce qui détruit toute la portée de l'argument ; elle exige simplement cette chose évidente que le montant des indemnités payées ne dépasse le préjudice réellement souffert (3).

Ces trois systèmes réfutés, il n'en reste plus qu'un seul à proposer : c'est celui de la coassurance, admis actuellement par toutes les compagnies, qui en font l'objet d'un des articles de leur police.

De ce système il résulte que si l'assureur direct, après

---

(1) L'on peut appliquer ici ce que M. de Courcy dit au sujet du concours de plusieurs assurances simples, *Questions de Droit marit.*, 1, p 354. « C'est prétendre la résoudre trop lestement que citer l'article 359 du Code de commerce et de dire qu'il n'y aura qu'une vérification de dates à faire. Réduite à ces termes, la vérification présenterait encore une difficulté assez sérieuse par suite de la différence des méridiens, la même date, en Chine et à Paris, ne correspondant pas au même moment. »

(2) V. *Cass.*, *Requêtes*, 8 janvier 1878 (D. 1878, I, 224).

(3) V. *Colmar*, 14 décembre 1849 (D. 1852, 2, 21) ; *Caen*, 17 février 1867 (D. 1867, 5, 28).

avoir payé intégralement l'indemnité, se retourne vers l'assureur pour compte, celui-ci pourra lui répondre qu'il ne peut avoir plus de droits que celui qui lui a cédé les siens et qu'il ne peut réclamer qu'une part proportionnelle.

En effet, ce système ne s'occupe ni de l'intention si problématique des parties, ni de l'ordre des dates des polices ; il ne considère qu'une chose : deux assurances sont en présence, assurant les mêmes risques et garantissant les mêmes objets ; aucune raison juridique ne peut faire préférer l'une à l'autre ; elles doivent donc venir ensemble se partager la charge de l'indemnité promise.

A ce système l'on a fait diverses objections. L'on a dit d'abord que s'il était vrai que les deux assurances, directes et pour compte, garantissaient bien les mêmes risques et les mêmes objets, il fallait ajouter qu'elles avaient été souscrites par deux individus différents ; il en résulte qu'elles ne doivent pas avoir la même sphère d'application. C'est là une erreur contre laquelle proteste toute la théorie de l'assurance pour compte.

S'il est vrai que la police pour compte est signée par un tiers autre que le propriétaire, qu'au début l'assureur ne connaît que celui avec qui il a traité, dans le crédit duquel il a eu foi, qui seul doit la prime, il n'en n'est pas moins certain que ce rôle ne dure que jusqu'à l'arrivée du sinistre ; si cet événement vient à se produire, la personne du souscripteur de la police disparaît, le propriétaire entre en scène et tout se passe comme si la police avait été souscrite par un mandataire ordinaire, obligé de nommer son mandant une fois le contrat conclu.

En ce cas, l'assurance pour compte devient une assurance ordinaire et les deux assurances se trouvent placées sur le même plan.

En outre, le système de la coassurance est le seul qui soit conforme à l'équité ; car les trois autres opinions proposées mettent sans raison l'indemnité tout entière à la charge exclusive d'un assureur, et cela sans justifier juridiquement cette injustice.

Au système de la coassurance, on oppose une objection tirée de l'usage qui s'est introduit depuis le jugement du tribunal d'Elbeuf : l'assureur pour compte désintéresse sans protester le propriétaire. On peut expliquer cet usage.

En effet, en pratique, la plupart du temps, le souscripteur de la police se trouve être un dépositaire responsable, en cas de sinistre, de la perte des objets assurés.

De cette situation, il résulte que l'assureur direct après avoir désintéressé le propriétaire et s'être fait subroger dans ses droits, peut se retourner contre le dépositaire. Il faut en dire autant de l'assureur pour compte. Donc les deux assureurs viendraient attaquer le dépositaire responsable du sinistre.

Mais le dépositaire aurait le droit d'objecter à l'assureur pour compte, qu'en signant la police où se trouve cette clause, il a entendu couvrir non seulement la chose elle-même, mais aussi sa responsabilité qui se trouve engagée à raison de la garde de cette chose.

En d'autres termes, pour le dépositaire, l'assurance pour compte est, quant à lui, une assurance directe, personnelle, ayant pour but de mettre à couvert sa propre responsabilité et le garantir contre toute demande relative à cette responsabilité et par suite contre l'action que voudrait intenter, par subrogation, l'assureur personnel du propriétaire.

Et cette prétention serait justifiée; car on ne peut admettre qu'en employant une formule aussi large que celle pour compte, les parties aient justement voulu exclure celui-là même qui l'a insérée dans la police : il aurait songé aux intérêts d'autrui, non aux siens; cela est inadmissible.

Au reste, la question ne fait pas de difficulté et les assureurs ont toujours admis le bien fondé de cette proposition : l'assurance pour compte est, outre une assurance de la chose exposée aux risques, une assurance de la responsabilité encourue par le souscripteur de la police.

Or, l'usage commercial, qui s'est introduit depuis le jugement du tribunal civil d'Elbœuf, s'explique tout naturellement : l'assureur pour compte, étant donnés les principes exposés plus haut, ne fait aucune difficulté pour désintéresser le propriétaire, même au cas de faute du souscripteur de la police, dont il a assuré la responsabilité ou pour rembourser l'assureur direct, qui a versé l'indemnité promise au propriétaire.

Mais cet usage n'a pas force de loi et comme tous les usages peut être changé par une pratique postérieure.

Or il est un cas où certainement le système de la coassurance est le seul applicable : le souscripteur de la police est déchu du bénéfice de la police pour compte, qui couvrait sa responsabilité, à raison de quelque faute.

L'assurance pour compte n'en profitera pas moins au propriétaire des objets garantis et si celui-ci a de son côté signé une police d'assurance directe, les deux assureurs seront tous deux tenus au marc le franc, sans égard pour la date des polices respectives.

Quant au jugement du tribunal d'Elbœuf on peut peut-être l'expliquer par une considération de fait : la responsabilité du dépositaire, souscripteur de la police pour compte, se trouvait engagée ; mais elle était couverte par cette police. Or, en présence de cette situation, le tribunal a pu admettre que l'assureur direct n'était qu'un sous-garant, qui, en désintéressant le propriétaire, n'avait fait que payer la dette du dépositaire responsable, mais cette dette était garantie par l'assureur pour compte. L'assureur direct pouvait donc se retourner contre ce dernier qui avait assumé la responsabilité la plus nette (1).

---

(1) Le système de la coassurance a été admis, avec des motifs bien étudiés, par le tribunal civil de la Seine, le 14 juin 1890 (*Gaz. du Palais*, 1890. 2, 133).

M. Overend avait assuré, en 1885, à quatre Compagnies, le *Nord*,

Ainsi donc, nous admettons, sans réserve, le système

les *Assurances générales,* le *Monde* et l'*Urbaine,* le matériel et les marchandises qui se trouvaient dans son exploitation de peigneur de laine, à Amiens, lesdites marchandises appartenant en très grande partie à des tiers. L'assurance était stipulée « pour soi » comme propriétaire et « pour le compte de qui il appartiendra ».

Un sinistre eut lieu et, par suite de circonstances sans intérêt à rapporter, Overend fut déclaré déchu de tout droit à l'indemnité. Les tiers, propriétaires des marchandises, réclamèrent le bénéfice de l'assurance pour compte et furent désintéressés, à l'exception des sieurs Michelet et Bessy, qui s'étaient fait indemniser par les Compagnies l'*Abeille* et l'*Urbaine,* auxquelles ils avaient assuré directement leurs marchandises. Ces deux dernières Compagnies, subrogées aux droits de Michelet et Bessy, assignèrent alors les Compagnies assureurs pour compte en paiement intégral de l'indemnité revenant à leurs assurés.

« Attendu que..... Overend, en assurant pour le compte de qui il appartiendra, les marchandises dont il était dépositaire pour l'usage de son industrie, a géré l'affaire de Michelet ;

« Attendu que cette gestion a été licite et utile ;

« Attendu qu'il en est résulté pour Michelet, au jour du sinistre, une action directe contre les assureurs qui avaient traité de cette manière avec Overend ;

« Attendu que cette action est indépendante de celle que pouvait avoir Overend et n'est pas soumise aux déchéances encourues par celui-ci ;

« Attendu, conséquemment, que l'*Abeille* agit directement aux droits de Michelet et qu'il en résulte que Michelet est assuré deux fois par les Compagnies défenderesses et par l'*Abeille ;*

« Attendu que l'assurance contractée par Michelet avec l'*Abeille* a été faite pour les mêmes marchandises et dans le même but ;

« Attendu que l'assuré est le même que d'après ce que dessus ;

« Attendu que, d'après les statuts des *Assurances générales* (art. 29), du *Nord* (art. 16), de l'*Urbaine* (art. 19), s'il y a plusieurs assurances de l'objet sinistré, la perte est réglée entre les assureurs au centime le franc ;

« Attendu qu'il n'ait allégué contre Michelet aucune fraude et que cette stipulation doit recevoir nécessairement son exécution ;

« Attendu, conséquemment, que l'*Abeille,* dont les statuts (art. 20), reproduisent à son profit la même condition, ne peut réclamer au

de la concurrence ; en présence d'une assurance directe
et d'une assurance pour compte, il résulte qu'il y a

nom de Michelet le bénéfice des dites assurances pour compte qu'au
prorata de la somme totale assurée par elle-même et par chacune
des Compagnies défenderesses ;

« Attendu que l'*Abeille* prétend vainement que l'assurance que
Michelet a contractée avec elle est une sous-garantie de l'assurance
pour compte contractée par Overend et non une coassurance arrivant
au centime le franc avec les autres assureurs, et qu'en conséquence
la totalité du sinistre lui est due par les Compagnies défenderesses,
sans qu'elle même soit tenue à contribution ;

« Attendu que le contrat de l'*Abeille* ne contient aucune stipulation tendant à cette prétendue sous-garantie et qu'il n'existe aucune
preuve que cette prétendue sous-garantie, en la supposant possible et
licite, ait été dans l'intention des parties ;

« Attendu, au contraire, que le contrat de l'*Abeille* s'interprète
naturellement dans le sens d'une coassurance par laquelle Michelet
a voulu augmenter ses chances d'indemnité, en cas de sinistre, de la
même manière que le font tous les contractants de coassurances ;

« Attendu qu'il est naturel et nécessaire que le principe des coassurances s'applique indépendamment de toutes déclarations préala
bles, à moins que le défaut de déclaration ne puisse entraîner une
déchéance qui serait spécialement prévue ;

« Attendu..... Sans intérêt ;

« Attendu qu'il résulte de ce que dessus :

1° Qu'Overend a agi comme gérant d'affaires et que sa gestion a été
licite et qu'elle a été utile en augmentant les chances de remboursement ;

2° Que cette gestion a donné à Michelet un droit direct au jour du
sinistre, indépendamment de toutes actions d'Overend ;

3° Qu'aucune déclaration du double contrat n'était possible et,
conséquemment, que le défaut de déclaration ne peut donner lieu à
aucune déchéance ;

« Attendu que le principe de l'article 359 du Code de Commerce
sur la succession des assurances, en le supposant applicable aux
assurances dont s'agit, ne peut recevoir aucune application dans
l'espèce, puisque les contrats ci-dessus ont stipulé des assurances
cumulatives ;

Par ces motifs.....

deux assurances portant sur les mêmes risques, au profit du même assuré et devant supporter les dommages chacune au prorata de leur montant respectifs.

Ce qu'il y avait de particulier dans l'hypothèse, qu'a tranchée le jugement du tribunal de la Seine, c'est que le souscripteur de la police pour compte se trouvait déchu de l'assurance et n'avait droit à aucune indemnité. Sans cette circonstance, la décision eut peut-être été autre et les assureurs pour compte n'auraient pas pu échapper au recours intégral des assureurs directs, à cause du caractère mixte de l'assurance pour compte, qui est, outre une assurance des objets exposés, une assurance de la responsabilité du souscripteur. Cette raison explique pourquoi la question s'élève si rarement en pratique, les assureurs pour compte, comme assureur de la responsabilité du souscripteur de la police, se trouvant obligés de payer ou de rembourser l'intégralité des dommages.

Mais le principe de la coassurance devra certainement s'appliquer toutes les fois que ne sera pas engagée la responsabilité du souscripteur de la police, soit parce qu'il s'agit d'un tiers non dépositaire des objets garantis, soit parce que le dépositaire pourra établir que le sinistre résulte d'un cas fortuit ou de force majeure.

La question donna lieu à nouveau en 1895 à un (1)

(1) V. jugement du tribunal civil de Largentière, jugeant commercialement, en date du 29 mai 1895 (*R. p. des Assurances*, 1896, 339).

débat fort long qui fut porté jusque devant la cour de cassation.

La Compagnie la *France* avait assuré à MM A... A..., négociants à Lyon, tant pour leur compte que pour le compte de qui il appartiendrait, des soies en dépôt pour être travaillées chez les divers mouli‑niers que les assurés pourraient occuper. Ceux-ci remirent des soies pour être ouvrées à M. X..., qui, à son tour, les confia dans le même but à MM. Y... Y...

D'autre part, la Compaqnie l'*Union* avait assuré à ces derniers, mouliniers, agissant également tant pour leur compte que pour le compte de qui il appartiendrait, les soies se trouvant dans leurs ateliers et parmi lesquelles s'en trouvait un certain nombre apparte‑nant à MM. A... Un sinistre se produisit chez MM. Y..., sans que l'on put en déterminer la cause : la responsabilité devait-elle en être supportée par les deux Compagnies, au *prorata* de leurs engagements respectifs ? Ou, au contraire, l'*Union*, assureur des mouliniers chez qui s'était produit le sinistre, devait-elle le sinistre total ?

Le tribunal de Largentière admit la coassurance et la responsa‑bilité cumulative des deux Compagnies :

« Attendu qu'il n'est ni douteux ni contesté que les objets incendiés se trouvaient assurés par les deux Compagnies moyennant les mêmes primes et les mêmes obligations ; qu'en pareil cas, la question de savoir quelle Compagnie doit supporter le dommage en cas de sinistre a donné naissance aux opinions les plus diverses ; mais qu'en définitive le système qui a prévalu dans la doctrine et la jurisprudence est celui de la coassurance d'après lequel il y a lieu de répartir les dommages entre les deux assurances, au *prorata* des sommes garanties par chacune ; qu'il faudrait, dès lors, appliquer l'article 29-3 des conditions générales de la police de Y..., qui se trouve dans presque toutes les polices et aux termes de laquelle, s'il y a plusieurs assureurs, la Compagnie supporte au marc le franc de la somme assurée par elle, la perte suivant les clauses de la police ».

La Compagnie la *France* interjetta appel devant la Cour de Nîmes, qui, le 5 mai 1896, infirmant le jugement du tribunal de Largentière, n'admit pas la théorie de la coassurance.

Cet arrêt part de ce point de vue que la cause du sinistre n'a pu être déterminée ; le sinistre résulte donc d'un cas fortuit ; or en présumant ce cas fortuit dans l'intérêt de l'ouvrier, le tribunal a mal jugé, puisqu'au contraire, c'est l'ouvrier qui, pour se disculper, est tenu de démontrer ce cas fortuit ; c'est donc X... qui est responsable du sinis-

La cour de Nîmes, sur appel, n'admit pas la théorie de la coassurance, à tort suivant nous.

En effet, sans examiner si la cour de Nîmes a sainement apprécié la clause pour compte, on peut faire à cet arrêt diverses objections.

tre, mais conjointement avec la garantie de Y... Y..., ses préposés garantis eux-mêmes par l'*Union*.

L'arrêt interprète la clause pour compte :

« Attendu que le jugement entrepris en estimant que les Compagnies la *France* et l'*Union* ayant assuré la même marchandise au profit des mêmes personnes, ses propriétaires, ne pouvaient être tenues qu'en qualité de coassureurs de cette marchandise et qu'il y avait lieu de répartir le dommage entre les deux assurances, *au prorata* des sommes garanties par chacune d'elles ; qu'en décidant ainsi, les premiers juges n'ont pas attaché une portée suffisante à la formule pour le compte de qui il appartiendra ; qu'ils l'ont interprétée comme si elle était ainsi conçue : pour le compte de toute personne à qui la marchandise appartiendra ;

« Attendu que tel n'est pas le sens de cette formule ; que dans la pratique et selon la jurisprudence « pour le compte de qui il appartiendra » veut dire que l'assurance de la marchandise est faite au profit de toute personne ayant intérêt à sa conservation ; que dans l'espèce, il est certain que cette assurance ne pouvait pas ne pas couvrir, dans l'intention des parties, les ouvriers à façon intéressés à être couverts à raison de la responsabilité que leur faisait encourir le dépôt entre leurs mains, de la marchandise assurée ;

« Attendu que la formule entière portait en outre que Y... Y... étaient assurés pour leur propre compte et « pour celui de qui il appartiendrait », les mots pour leur propre compte prouvant bien que l'assurance couvrait les intérêts de Y... Y... aussi bien au point de vue de leur responsabilité au regard des tiers que pour les choses dont ils seraient personnellement propriétaires ; qu'il suit de tout ce qui précède que l'*Union* assureur de la responsabilité de Y... Y... et par suite de X..., doit supporter la perte totale éprouvée, faute par les dépositaires d'avoir fait la preuve qui leur incombait. »

L'arrêt ajoute que la responsabilité de X... est couverte par la Compagnie l'*Union* en raison de la police pour compte, signée par les dépositaires ; X... doit donc supporter la totalité des dommages, mais avec la garantie complète de la Compagnie l'*Union*.

D'abord la police souscrite à la compagnie la France par les propriétaires eux-mêmes des objets sinistrés, portait que la police était faite tant pour leur compte que pour le compte de qui il appartiendrait.

Or admettons avec la cour de Nîmes que la formule pour compte de qui il appartiendra veut dire, selon ses propres expressions « que l'assurance de la marchan- « dise est faite au profit de toute personne ayant inté- « rêt à sa conservation » ; il en résulte qu'une des personnes protégées est justement celle sur laquelle pèse la responsabilité, c'est-à-dire l'ouvrier à façon ; celui-ci était donc garanti et par l'assurance pour compte des propriétaires et par celle contractée par les seconds dépositaires ; il eut donc été logique d'appliquer la théorie du jugement du tribunal de la Seine : « concursu partes fiunt ».

Il faut prévoir une objection ; l'on pourrait être tenté de faire remarquer que parmi les clauses du contrat, s'en trouve une par laquelle le propriétaire subroge son assureur contre tous garants ; dès lors pourrait-on dire, l'assurance pour compte peut être invoquée par toute personne, excepté par celle contre laquelle l'assureur peut exercer un recours à raison de cette subrogation. Pour qu'il en fut autrement, il faudrait que par un acte formel, l'assureur eut renoncé à ce bénéfice ; car la renonciation ne se présume pas.

A cela l'on peut d'abord répondre que si la renoncia- tion à un bénéfice ne se présume, exiger un acte formel, c'est commettre une erreur ; et cette renonciation peut fort bien s'induire des circonstances.

Or il serait curieux que parmi les personnes exclues du bénéfice de la clause pour compte, se trouve justement celle qui y est le plus directement intéressé, celle qui court le plus de risques, le dépositaire.

Ne peut-on pas dire, avec grande raison que, lorsque le propriétaire a contracté une assurance pour compte relativement à des marchandises et avant leur remise aux mains d'un ouvrier, dont en général, le crédit et la fortune sont restreints, le propriétaire a entendu couvrir la responsabilité de celui-ci et par suite se couvrir lui-même.

Mais allons plus loin et supposons qu'en fait, il n'y ait eu que l'assurance pour compte du propriétaire. Les dépositaires n'ont signé aucune police : en présence de cette situation, l'assureur du propriétaire aurait payé l'indemnité promise, sans élever aucune difficulté sur le point de savoir si l'assurance pour compte couvre la responsabilité du dépositaire, ou seulement les objets eux-mêmes. Et la difficulté ne s'est élevée que parce qu'il y avait deux compagnies rivales en présence, chacune désirant éviter le versement de toute indemnité.

L'on peut faire encore une autre objection à l'arrêt de la cour de Nimes : les seconds dépositaires, d'après l'arrêt lui-même, en contractant une assurance pour compte, ont assuré non seulement la responsabilité de celui qui leur avait remis les soies à ouvrer, mais aussi le droit

du propriétaire ; c'est donc que cette assurance couvrait les marchandises. Mais ces mêmes marchandises étaient déjà couvertes par l'assurance antérieure du propriétaire : en présence de cette situation, de ces deux assurances s'appliquant au même objet, n'eût-il pas été logique de les faire venir toutes deux en concours ?

Quant à l'idée du besoin d'une renonciation expresse à la subrogation consentie par le propriétaire, ne peut-on pas la trouver dans les éléments même de la cause ? Ne peut-on pas soutenir que par la clause pour compte, la compagnie entendait garantir, outre le propriétaire, tous ceux qui, par la garde de la chose, pourraient encourir quelque risque et seraient intéressés, selon les termes de l'arrêt, à la conservation de l'objet garanti ? Dans cette hypothèse, seraient exclus du contrat ceux-là seulement qui n'y auraient point été parties ou tout au moins ceux qui ne rentreraient pas dans la formule pour compte : ce serait, par exemple, un tiers quelconque qui aurait causé le sinistre ; contre ce tiers, le propriétaire aurait une action en dommages-intérêts pour le préjudice causé ; mais une fois indemnisé par l'assureur, il devrait subroger celui-ci dans son action, afin que cet assureur se fasse rembourser le montant de l'indemnité. C'est seulement dans des cas semblables que l'on pourrait parler de subrogation.

Enfin, on peut trouver que la Cour de Nimes néglige trop facilement l'argument tiré de la clause de la police, qui partage expressément le risque entre tous les assureurs.

L'arrêt de la Cour de Nimes fut déféré à la Cour de cassation, qui rejeta le pourvoi par un arrêt en date du 25 octobre 1897 (1).

Le pourvoi qui fut introduit apporte de nouveaux arguments en faveur de la théorie de la coassurance. Il suppose que celui qui, dans l'espèce, avait reçu directement les marchandises du propriétaire et les avait, pour les faire ouvrer, transmises à des tiers, il suppose que cet intermédiaire n'existe pas ; évidemment en cette hypothèse, il faudrait mettre hors de cause les seconds dépositaires puisque l'assurance par eux contractée couvre la perte et que l'action en responsabilité est sans objet ; par suite restent donc les assureurs des déposi-

(1) V. *Rep. pér. des Assurances*, 1897, 560.

« Sur le deuxième moyen tiré de la violation des articles 1134, Code civil et 359 Code de commerce, attendu qu'il n'est pas exact de prétendre avec le pourvoi que les deux Compagnies eussent assuré les mêmes marchandises contre les mêmes risques et au profit des mêmes personnes ; qu'en effet, la Compagnie défenderesse éventuelle avait uniquement assuré les propriétaires des marchandises, tandis que la Compagnie demanderesse avait assuré non seulement ces derniers, mais encore le détenteur des marchandises ;

« Attendu que l'arrêt attaqué déclare ce dernier responsable de leur perte en tant que tenu du fait des préposés et faute par lui d'avoir prouvé que l'incendie qui a causé cette perte était dû à la force majeure ou à un cas fortuit ;

« Attendu qu'en proclamant cette responsabilité par une appréoiation souveraine, l'arrêt attaqué a pu déclarer, sans violer aucun des textes indiqués par le pourvoi, que cette responsabilité était couverte exclusivement par la Compagnie demanderesse, assureur des soies incendiées et la condamner, en conséquence, à payer l'intégralité de l'indemnité à la Compagnie défenderesse éventuelle. »

taires et ceux du propriétaire ; ils doivent donc se partager la charge de l'indemnité.

L'on ne peut comprendre pourquoi la présence d'un
intermédiaire a pu décider la Cour de Nimes à ne pas
admettre cette solution ; sa responsabilité était garantie
au même titre que celle des seconds dépositaires.

Ce pourvoi ajoutait que la solution de l'arrêt attaqué
renverse même l'ordre successif des assurances. Car
l'existence entre le premier et le second assureur d'un
tiers responsable amène ce résultat bizarre, d'après
l'arrêt, que le premier assureur est déchargé, par la
substitution à la formule si large de l'assurance pour
compte d'une simple assurance de responsabilité ; par là
l'assureur antérieur est déchargé au détriment d'un
assureur postérieur en date.

Au reste, l'arrêt de la Cour de cassation s'est contenté
d'affirmer sans apporter aucune preuve à l'appui, que
l'on se trouvait en présence, non pas des mêmes personnes, mais bien de deux groupes d'assurés distincts,
d'une part le propriétaire et de l'autre les ouvriers,
dépositaires de la marchandise à ouvrer.

L'on peut regretter qu'en la circonstance la Cour de
cassation n'ait pas voulu se placer à un point de vue un
peu élevé, et n'ait vu dans les faits de la cause qu'une
question de preuve.

En effet, l'ouvrier dépositaire n'a pu faire la preuve
de la cause du sinistre ; il n'a pu établir que ce sinistre
résultait d'un cas fortuit, ce qui lui eut permis de l'invo-

quer ; il devait donc être déclaré responsable du dommage. Par suite, il ne pouvait, d'après la Cour de cassation, profiter que de l'assurance contractée par ceux auxquels il avait confié les objets sinistrés ; il était un peu vis-à-vis d'eux comme le déposant au regard du dépositaire qui a contracté une assurance pour compte. Mais alors à quoi servait l'assurance pour compte du propriétaire, si elle ne couvrait pas la responsabilité du dépositaire ? Pourquoi celui-ci ne s'était-il pas contenté d'une assurance directe ?

L'on peut fortifier ce raisonnement d'un argument tiré de la pratique. Les fabricants de tissus en soie de la région lyonnaise ont l'habitude de confier les soies à ouvrer à des ouvriers, qui travaillent à l'entreprise et chez eux ; ces derniers ne sont même pas de petits industriels : ce sont de simples ouvriers sans fortune, ni crédit.

Ces gros fabricants font assurer pour compte leurs marchandises par une police, qui est dite flottante en ce sens qu'elles sont assurées en quelque main qu'elles se trouvent pourvu qu'elles soient en dépôt chez l'ouvrier habitant un certain rayon de la région lyonnaise : l'assurance est flottante au point de vue des objets soumis aux risques.

Or lorsqu'un fabricant contracte une assurance pour compte dans ces conditions, n'est-il pas évident qu'il veut couvrir la responsabilité du dépositaire ; et la compagnie qui accepte un tel contrat, n'a-t-elle pas la même intention, puisqu'elle ne peut ignorer qu'elle n'a aucun recours contre de simples ouvriers n'ayant d'autre fortune que leur salaire journalier ? Voilà bien la preuve qu'un patron peut contracter une assurance pour compte afin de couvrir la responsabilité de son ouvrier.

En résumé la cour de cassation n'a pas admis la théorie de la coassurance ; on ne peut que souhaiter qu'un débat lui vienne fournir l'occasion d'affirmer les vrais principes.

Il nous reste à examiner une hypothèse voisine de la précédente.

Un propriétaire assure sa propre chose à un assureur ; puis, comme il est en même temps dépositaire de choses appartenant à autrui, il contracte une assurance pour le compte de qui il appartiendra et pour son compte.

D'abord l'on ne peut soutenir que le fait d'avoir contracté deux assurances relativement aux mêmes objets a pour résultat d'annuler une des deux assurances, comme le prévoient toujours les polices d'assurances.

Ce souscripteur des polices n'a pas agi dans les deux cas en une même qualité : dans l'un, il a agi comme propriétaire et dans l'autre comme mandataire ou gérant d'affaires du déposant. La police pour compte a bien été signée par lui, qui a payé les primes ; mais une fois le sinistre paru, sa personne disparaît pour faire place à celle du propriétaire ; une police n'annule pas l'autre.

Il n'y a pas non plus concours de deux assurances ;

le souscripteur des polices ne peut invoquer que celle qu'il a signée comme propriétaire, celle qui lui est personnelle (1).

(1) V. en ce sens, jugement du tribunal de commerce de Bordeaux, en date du 7 décembre 1857, confirmé par la Cour de Bordeaux le 22 mars 1858 (*B. de M.*, 1858, II⁰ partie, p. 198.

CHAPITRE VII

DE LA CLAUSE POUR COMPTE EN MATIÈRE D'ASSURANCE MUTUELLE

Considérations générales sur l'assurance mutuelle, son utilité et ses
principes. Permet-elle la clause pour compte ? Réponse affirmative ; et l'introduction de la clause pour compte ne fait pas de
l'assuré un sociétaire.

Une compagnie d'assurances mutuelles est une société
formée par la réunion d'individus qui mettent en commun leurs risques et s'obligent à supporter, proportionnellement à leur propre intérêt, le préjudice que pourra
éprouver chacun des associés. C'est donc, au premier
chef, une association de personnes.

L'assurance mutuelle présente certains avantages sur
l'assurance à primes : elle n'oblige chaque associé qu'à
une cotisation minime, tout en lui donnant toute sécurité si le nombre d'adhérents est grand. En outre la
société ne cherche pas à réaliser de bénéfices puisque
c'est une société d'indemnité, sans actionnaires : elle

peut donc se montrer plus large qu'une société de capitaux.

Mais elle offre cet inconvénient d'obliger parfois chaque associé à payer une cotisation fort élevée, puisque le montant de cette cotisation annuelle dépend du nombre des sinistres relativement à celui des membres de la société.

Si d'autre part, les statuts sociaux, comme il arrive souvent, fixent un maximum à cette cotisation, l'assuré n'a plus qu'une sécurité relative : il n'est plus sûr d'être indemnisé de toute sa perte, si le nombre des sinistrés est grand et si le préjudice se trouve dépasser le montant total des cotisations annuelles.

D'autre part, l'assurance mutuelle offre à d'autres points de vue des avantages que ne présente pas l'assurance à prime. Il en est ainsi, par exemple, de l'assurance contre les dommages causés par la grêle.

Les ravages de ce fléau sont, en général, régionaux et sont amenés par des causes climatologiques et la forme du terrain (1).

Une société qui voudrait faire de l'assurance contre la grêle une base de spéculation, n'aurait évidemment comme clients que les agriculteurs exposés à ce genre de risques. Mais elle aurait peu de chance d'avoir des

______

(1) Ce besoin de l'égalité de risques entre les associés explique pourquoi l'assurance mutuelle est si rare en matière maritime, les navires étant exposés à des fortunes de mer diverses suivant leur route.

résultats lucratifs : les assurés seraient rares, soit parce que la clientèle contre ce genre de risques est peu nombreuse, soit parce que les primes seraient trop élevées pour couvrir les chances de perte fréquentes à raison de la nature du sinistre ; enfin les frais d'administration coûteraient fort cher à cause de la situation des biens ruraux éloignés les uns des autres.

Aussi les cultivateurs se garantissent, en général, contre les ravages amenés par la grêle à l'aide d'une assurance mutuelle : des propriétaires de plusieurs départements d'une même zône exposée à ce sinistre, se réunissent pour y parer : ils peuvent faire des remarques, une statistique et par l'observation de faits qui se renouvellent d'une façon presque périodique, ils arrivent à calculer la responsabilité que chacun veut s'imposer.

Ajoutons qu'en province, beaucoup d'assurances contre l'incendie sont couvertes par des sociétés mutuelles, qui coûtent relativement moins cher.

Le fondement de l'assurance mutuelle est la confiance des associés les uns dans les autres et la possibilité d'une surveillance réciproque. Une société de cette nature n'a rien de commercial, en ce sens qu'elle n'a pas pour but la spéculation ; elle ne veut pas réaliser de bénéfices à partager entre des actionnaires : les associés se garantissent simplement les uns les autres contre les dommages qu'ils peuvent éprouver ; ils contractent à ce sujet une obligation conditionnelle d'indemniser chaque membre de la société qui éprouvera un sinistre, en répartissant entre eux toutes les pertes. Aussi pour les favoriser, l'article 13, 5° de la loi du 25 avril 1844 dispense les sociétés d'assurances mutuelles de l'impôt de patente.

Ainsi donc, dans une société de cette nature, les adhérents tiennent grand compte de la personne même de l'associé ; ils regardent son crédit, sa fortune, sa moralité même : un associé insolvable et incapable de payer sa cotisation augmenterait d'autant la charge des autres ; un sociétaire malhonnête, qui causerait lui-même le sinistre, sans que ce dol puisse être établi, pourrait amener la ruine de la société : les associés se font mutuellement confiance.

Étant donné ce point de départ, s'est élevée la question de savoir si une société d'assurances mutuelles peut consentir une assurance pour compte. En effet, comment chacun des associés connaîtrait-il la personne cachée par la clause pour compte ? Comment pourrait-il apprécier son crédit et sa moralité ?

En outre, une société d'assurances mutuelles n'est pas une société de capitaux ; c'est une société civile, de personnes où chaque partie assure ces co-associés et est assuré par eux ; elle est à la fois assureur et assuré. Le fondement du droit à l'indemnité se trouve dans la qualité de sociétaire ; personne ne peut y prétendre à moins d'être associé, ou tout au moins l'ayant cause d'un associé.

Or si une société d'assurances mutuelles a consenti une police d'assurance pour compte, ne peut-on pas interpréter cette clause en ce sens qu'elle est simplement une garantie de la responsabilité que peut encourir le sociétaire, souscripteur de la police et que le tiers qui se trouve véritable intéressé au contrat et caché par la formule pour compte, ne pourra exercer que les droits qui appartiennent à ce sociétaire vis à vis de ses co-associés et rien au delà de ces droits.

Il serait, en effet, contraire, peut-on dire, aux règles primordiales de la mutualité que des tiers étrangers à la société, qui ne sont tenus en rien des charges sociales, qui ne paient aucune cotisation, n'ont nullement à coopérer aux indemnités, vinssent exercer contre la société des droits propres et réclamer de celle-ci une garantie qu'elle ne doit qu'à ses membres.

Dans cette opinion, le sens de la clause pour compte serait fort restreint ; une pareille police donnerait simplement le droit aux tiers d'exercer les droits qui appartiennent au sociétaire, par une substitution de personnes : ce tiers viendrait simplement exercer les droits du sociétaire ; il remplirait, pour ainsi dire, un mandat dont le résultat lui resterait acquis (1).

(1) Cette théorie fut soutenue devant le tribunal civil de la Seine et repoussée dans un jugement en date du 12 août 1887 (*R. p.*, 1887, 3, 93). Le tribunal a appliqué les principes de l'assurance pour compte, en déclarant que le souscripteur de la police n'avait pas entendu simplement assurer sa responsabilité, mais bien les objets sinistrés eux-mêmes. La société mutuelle, en consentant une assurance de cette nature, savait fort bien à quoi elle s'engageait ; la clause pour compte donne aux tiers une action directe contre l'assureur, en vertu d'un droit propre, sans avoir besoin d'emprunter la

Malgré ces arguments. nous croyons que la théorie contraire doit être admise.

D'abord une société d'assurances mutuelles qui, après avoir concédé une assurance pour compte, avoir perçu des primes, vient en contester la valeur et la portée, est certes de mauvaise foi et sa thèse est suspecte : *is dicit cui prodest.*

Pourquoi vouloir changer le sens traditionnel et constant d'une clause, alors que rien dans le contrat n'indique que telle a été l'intention des parties? La clause pour compte a une portée générale ; pourquoi vouloir la res-

---

personne du sociétaire. Le contrat devait être exécuté jusqu'au bout puisqu'il avait reçu un commencement d'exécution, le versement des primes.

Sur appel, la Cour de Paris, par arrêt du 3 juillet 1889. a confirmé ce jugement (*Gaz. des Trib.*, 25 octobre 1889 ; *R. p.* 1889. 179).

La Cour est partie du même point de vue que le tribunal : l'assurance pour compte a pour but de couvrir non pas la responsabilité du souscripteur de la police, mais bien les objets eux-mêmes : pourquoi les parties n'ont-elles pas manifesté leur intention de déroger à cette interprétation générale ?

Puis la Cour invoque les statuts de la Société en cause.

Enfin, la Cour conclut en déclarant que les tiers bénéficiaires de l'indemnité ne font pas partie de la Société ; que simplement le sinistre leur donne le droit à cette indemnité.

« Considérant enfin qu'il n'est pas exact de dire que par suite de l'interprétation qui vient d'être donnée, des personnes non dénommées se trouveraient membres d'une société d'assurances mutuelles, ce qui serait contraire à l'essence de la mutualité; que X... est le seul assuré; que c'est à lui seul que les primes et cotisations peuvent être réclamées; que les tiers pour le compte desquels il a stipulé ne font pas partie de la Société et que c'est seulement en cas de sinistre qu'ils peuvent réclamer le bénéfice de l'assurance contractée à leur profit. »

Cet arrêt fut confirmé par la Cour de cassation le 18 mars 1890 *Journ. Ass.*, 1890. 205).

treindre. Si les statuts d'une société d'assurances
mutuelles lui permettent de consentir des polices pour
compte, dont le résultat sera peut-être d'engager beaucoup la société et d'augmenter le montant des cotisations, c'est qu'elle y trouve un intérêt quelconque, augmenter par exemple, le nombre des adhérents.

Quand à l'objection tirée de ce qu'une société
mutuelle ne comporte pas l'admission de sociétaires non
dénommés dans la police, on peut répondre que l'assurance pour compte n'a pas pour effet de faire du bénéficiaire éventuel du contrat un sociétaire ; jusqu'au jour
du sinistre, le seul assuré est le souscripteur de la police;
la société ne connaît que lui.

Que le sinistre arrive, ce sociétaire disparaît au point
de vue du règlement de l'indemnité, mais cela n'a pas
pour résultat de faire du véritable intéressé un membre
de la société: cela lui donne simplement le droit de
réclamer l'indemnité promise à celui qui est caché par
la formule pour compte : la société a dû prévoir ce résultat.

Ceux qui objectent que c'est en faire un sociétaire
iraient-ils jusqu'à dire qu'à ce titre il a les obligations
d'un sociétaire et doit par exemple les cotisations de
l'année ? Evidemment non ; si l'on n'ose tirer la conséquence de l'objection, c'est qu'elle ne porte pas.

CHAPITRE VIII

DU COMMISSIONNAIRE, DE L'OUVRIER A FAÇON
ET DU DÉPOSITAIRE

L'assurance pour compte, nous l'avons dit, se forme souvent, en pratique, par l'intermédiaire d'un commissionnaire, qui s'engage soit de son propre mouvement, soit en vertu d'un mandat à lui donné.

Ce mandat doit être accepté et notamment si ce mandat lui a été donné par une missive, s'élève la question plus générale de savoir comment se forme un contrat par lettre, est-ce dès le reçu de la lettre ? Faut-il, en outre, que la lettre contenant l'acceptation soit parvenue à son adresse ?

Sans examiner ce point, nous croyons que l'on peut soutenir avec Emerigon (1) que le commissionnaire est présumé avoir accepté le mandat de faire assurer quand

(1) V. Emerigon, chap. V, sect. VIII.

il n'a pas répondu dans un bref délai à la lettre lui donnant un ordre d'agir : son silence le lie et vaut consentement. Par suite, si un sinistre se produit, il sera responsable du montant des dommages ; la rapidité des opérations commerciales exige cette solution.

A l'inverse, un commissionnaire, sans ordre, fait assurer les marchandises appartenant à son commettant et l'en avertit par lettre. Aucun sinistre ne se produit ; le commettant ne pourra pas se baser sur son défaut de réponse, pour refuser de rembourser au commissionnaire les primes que celui-ci aura déjà payées : les deux solutions se tiennent.

Quelle est la responsabilité que peut encourir le commissionnaire ? Pour répondre à cette question, il faut distinguer en sa personne une double qualité : il est à la fois un mandataire et un dépositaire. A ce titre il est responsable de la perte des objets qui lui sont confiés ; et il n'est libéré de cette obligation que s'il prouve que leur perte résulte d'un cas fortuit ou de force majeure : tout détenteur de la chose d'autrui encourt une pareille responsabilité.

La jurisprudence et la doctrine sont d'accord pour décider qu'au commissionnaire n'incombe pas l'obligation de faire assurer les marchandises qui lui sont confiées (1).

____

(1) V. en ce sens un arrêt de la Cour de cassation du 1er août 1866 *B. de M.* 1866, 1, 107).

« L'assurance qui peut être accomplie par le propriétaire quoique

Sans doute, l'assurance est une excellente précaution, un acte d'administration, auquel doit songer tout administrateur prudent, mais qui n'est nullement obligatoire pour le commissionnaire. Il agira, cependant, avec prévoyance en assurant les marchandises déposées, à raison de la responsabilité qui pèse sur lui en cas de sinistre et l'obligation qui lui incombe, pour l'éviter, de prouver le cas fortuit ou la force majeure.

L'assurance que contracte le commissionnaire peut prendre deux formes. Ou bien il assure simplement sa responsabilité, pour tout le temps où la marchandise reste entre ses mains. Ce cas est peu pratique ; car en agissant ainsi le commissionnaire ne donne qu'une sécurité relative à ses clients et ne présente pas les avantages de l'assurance pour compte, qui suit la marchandise dans les mains de ses divers propriétaires.

Pour l'ouvrier à façon, il faut appliquer les mêmes principes : ou bien le sinistre résulte d'une faute de l'ouvrier, faute dont il est responsable.

Si la perte de la chose provient d'un cas fortuit ou de force majeure, l'ouvrier ne sera libéré qu'à la charge d'administrer cette preuve, conformément à l'article 1302 du Code civil (1).

actuellement dessaisi de la chose, aussi bien que par le détenteur temporaire, ne saurait, à aucun titre et sous aucun prétexte, être rangée parmi les obligations imposées à celui-ci et pouvant engager, au cas où il ne les remplirait pas, sa responsabilité. »

(1) La jurisprudence, après variation, est définitivement fixée en

L'ouvrier, en pratique, pour se couvrir contracte une assurance pour compte, dont il fait indirectement payer les primes par le propriétaire en augmentant son salaire. C'est même dans certaines professions tellement entré dans l'usage que l'on peut citer un arrêt de la Cour d'Aix, qui reproche à un ouvrier de n'avoir pas fait assurer les marchandises à lui confiées, parce que telle était l'habitude de la place. Il ne faut pas oublier, avant de condamner cette jurisprudence que les usages commerciaux ont force de loi (1).

Si l'ouvrier a contracté, même sans ordre, une assu-

---

ce sens depuis un arrêt de la Cour de cassation, du 19 mai 1886 (D. 1886, 1, 409 ; R. p. 1886, 271 et S. 1886, 1, 264) ; dans le même sens, un jugement du tribunal civil de Saint-Etienne, du 5 janvier 1895 (R. p. 1895, 229).

(1) V. Cour d'Aix, 17 janvier 1881 (*Gaz. Palais*, 81, 2, supplément III). Voici un des considérants curieux de cet arrêt :

« Attendu que les conditions dans lesquelles s'exerce aujourd'hui dans les centres, particulièrement à Marseille, l'industrie minotière, ainsi que cela résulte des documents les plus probants versés au procès, ne permettent pas d'enfermer dans les limites étroites de l'article 1789 la responsabilité du minotier ;

« Que, dans un but de sage économie et pour ne point multiplier les frais de manutention et de transbordement, le minotier ne se borne pas à pourvoir à la fabrication, mais encore se charge le plus souvent de quérir au quai de débarquement, de conserver un certain temps en dépôt et enfin de livrer au destinataire que lui indique le mandant des marchandises façonnées ; que le prix relativement élevé de son salaire, qui dépasse de moitié le prix afférent à la fabrication seule des autres places, suffirait à indiquer de la manière la plus évidente, que sa responsabilité doit se régler également sur les dispositions de l'article 1928 et qu'il ne peut, sans commettre une faute grave, se dispenser d'assurer les marchandises qui lui sont confiées. »

rance pour compte, il est certain que le propriétaire seul peut en profiter et l'on comprend mal la prétention d'un fabricant, souscripteur d'une police pour compte, qui voulait retenir l'indemnité due par les assureurs pour les marchandises incendiées en offrant au propriétaire de celles-ci de les remplacer en égale qualité et quantité. Mais admettre une pareille théorie, c'eût été faire de l'assurance une gageure illicite, procurant un bénéfice injustifié à un tiers qui n'aurait couru aucun risque ; ce fabricant eût trouvé là un moyen commode de placer ses marchandises.

Au reste, l'on comprend mal sa prétention : en souscrivant une police pour compte, il devait savoir qu'elle ne pourrait jamais lui profiter, il ne peut réclamer l'indemnité ; car il ne satisfait pas à cette condition essentielle d'avoir eu des marchandises exposées aux risques (1).

Quant au dépositaire, de même que tous les autres débiteurs de corps certain, il répond de sa faute et n'est libéré du cas fortuit ou de la force majeure qu'à charge de les prouver (2).

(1) V. en ce sens jugement du tribunal civil de Marseille, du 1er septembre 1859 (*B. de M.*, 1859, 3, 77).

(2) Ce point, à notre estime, ne saurait faire de doute. V. Huber, *De la Responsabilité contractuelle en matière d'incendie* et les autorités et la jurisprudence citées par cet auteur, p. 300 et suivantes.

La question est vivement discutée.

Quant à la question de savoir si le dépositaire doit faire assurer les marchandises chez lui déposées, les faire couvrir par une assurance pour compte, l'on peut dire que c'est une question d'espèce, dont la solution dépend des habitudes commerciales des parties (1).

Dans tel et tel centre, les dépositaires sont dans l'usage de faire assurer les marchandises qui leur sont confiées ; ne pas le faire, les constitue en faute. Car le déposant se fiant à la tradition peut croire que le dépositaire prend cette mesure de précaution ; il y a en quelque sorte entre eux un mandat tacite de faire assurer les marchandises. L'inobservation de ce mandat peut amener une responsabilité assez lourde à la charge du dépositaire.

_____

(1) La question est discutée en jurisprudence.

Un jugement du tribunal civil de la Seine, en date du 6 février 1893 (*R. p.* 1893, 195), a décidé qu'un carrossier n'était pas en faute de n'avoir pas fait couvrir par une assurance les voitures qui étaient mises en dépôt chez lui. Le tribunal va même plus loin et déclare que le dépositaire n'est pas en faute pour n'avoir pas conservé chez lui les choses confiées à sa garde, alors qu'il prouve que leur perte a été causée par un cas fortuit.

D'autre part, on trouve un jugement du tribunal civil de la Seine, du 5 août 1886 (*R. p.* 1886, 337), qui déclare responsable de leur perte un tapissier qui avait remis les tapis qu'on lui avait confiés à un tiers chargé de les battre. En agissant ainsi, a décidé le tribunal, le dépositaire n'a pas rempli l'intention des déposants qui avaient eu confiance en lui et en sa vigilance. En conséquence, le tribunal a condamné ce tapissier dépositaire à payer la valeur des tapis sinistrés, bien qu'il fut établi que l'incendie qui les avait détruits avait été communiqué à la maison du tiers, second dépositaire, par une habitation voisine.

Un dépositaire a contracté une assurance pour compte;
il est certain qu'il en résulte pour le propriétaire des
objets déposés une action contre les assureurs qui ont
traité avec le dépositaire. Ce propriétaire aura cette
action bien qu'il ne soit pas nommé au contrat et cette
action est indépendante de celle que peut avoir le dépositaire contre les assureurs. Ces points sont certains (1).

Une autre hypothèse peut se présenter, qui est moins
simple que précédente : un dépositaire a assuré en son
nom et pour son propre compte des objets appartenant
à des tiers, dans le but de garantir sa propre responsabilité : cette assurance est-elle obligatoire pour l'assureur lorsque des objets ont péri par un cas de force
majeure qui n'engage pas la responsabilité du dépositaire? Des déposants qui n'ont pas d'action contre le
dépositaire, peuvent-ils agir soit directement, soit indirectement contre l'assureur? (2)

(1) V. en ce sens jugement du tribunal civil de la Seine, en date
du 12 avril 1887 (R. p. 1887, 393) ; même tribunal, 14 juin 1890
(*Journ. des Ass.*, 1891, 3, 293).

(2) La question, qui est délicate, a donné lieu à un débat judiciaire.

Le tribunal de Bonneville, dans un jugement du 30 janvier 1884
(R. p. 1886, 257) a admis l'existence d'une action directe du déposant
contre l'assureur.

Le tribunal, dans son jugement, commence par déclarer que la
dépositaire, encourant à ce titre une responsabilité, aggravée par cette
considération qu'avant de travailler les marchandises en dépôt, elle
les tenait en dépôt offert au public, avait le droit d'assurer les objets
déposés pour son propre compte.

Quant aux déposants, le jugement ajoute :

« Mais, attendu que la dame Y... (le dépositaire) n'exerce pas son

A notre avis il faut répondre à cette question négati-

action directe à l'encontre de la Compagnie l'*Union* et se borne à prétendre des conclusions en garantie de la demande formée par la
veuve X... et autres ; que cette dernière action doit donc être examinée
au principal ;

« Attendu, sans doute, que la veuve X... et autres n'ont ni contracté, ni quasi contracté avec l'*Union* et sont restés étrangers au
contrat qui lie l'assureur et l'assuré ; qu'ils ne peuvent même pas
prétendre que la veuve Y..., en assurant les objets déposés, a agi pour
eux et dans leur intérêt, en qualité de « *negotiorum gestor*, » puisque
si cela était, l'assurance serait nulle et de nul effet ; que, d'ailleurs,
dans la réalité des choses, la veuve Y... a contracté en son nom
propre et personnel et pour dégager sa responsabilité ;

« Attendu toutefois que s'ils ne peuvent agir directement contre
la Compagnie d'assurances, les demandeurs sont en droit de profiter
des dispositions de l'article 1934 du Code civil ; qu'en effet, même en
cas de force majeure, le dépositaire à qui les objets ont été enlevés,
n'est pas complètement déchargé de toutes ses obligations; qu'il doit
remettre aux déposants l'indemnité qu'il aurait obtenue ; qu'à ce
point de vue le droit à l'indemnité représente évidemment l'indemnité elle-même ; que, dans ces conditions, les articles 1985 et 1203 du
Code civil deviennent applicables en l'espèce, obligeant la veuve Y...
à céder ses droits et actions contre la Compagnie l'*Union* et fournissent aux déposants un moyen d'actionner directement, comme ils
l'ont fait, l'assureur qui s'est chargé des risques des objets déposés ;
qu'il importe peu que, dans leurs conclusions, ils se soient appuyés
sur des motifs différents, qui n'ont pas de base légale, puisque seules
les conclusions prises forment l'objet du litige et constituent la base
des décisions judiciaires ;

« Attendu que des considérations qui précèdent, il résulte que la
Compagnie se trouve engagée envers la veuve X... et autres de la
même manière et dans les mêmes limites qu'elle l'était envers la
veuve Y...; qu'elle leur doit donc le règlement du sinistre comme
elle le devait à cette dernière, sans pouvoir opposer aux déposants
des objections et des fins de non-recevoir autres que celles qu'elle
aurait opposées à la dépositaire elle-même..... »

Le tribunal conclut en disant que le dépositaire dégage sa responsabilité en restituant aux déposants les objets sauvés de l'incendie et
en leur cédant son droit à l'indemnité, ou en les mettant en mesure
de l'exercer en son lieu et place.

vement. Et la théorie du tribunal de Bonneville nous semble inadmissible.

En effet ce jugement, tout en reconnaissant que les déposants n'ont aucune action directe contre l'assureur en raison de la police signée par le dépositaire pour son compte exclusif, leur a cependant reconnu le droit d'actionner directement l'assureur en paiement de l'indemnité sous prétexte que le dépositaire était tenu de leur céder son droit.

Un dépositaire, certes, peut contracter deux sortes d'assurances.

La jurisprudence et la doctrine sont d'accord pour admettre que quiconque a un intérêt légitime à la conservation d'une chose, tel un créancier gagiste, un usufruitier, peut la faire assurer (1). Il faut donc reconnaître le même droit au dépositaire pour les objets confiés à sa garde (2) ; car il a le droit de prendre vis à vis de ces choses toutes les mesures qui lui semblent utile pour leur conservation.

En outre le dépositaire peut assurer la chose à lui confiée pour le compte du déposant en se portant son gérant d'affaires ; en ce cas, on applique les principes de l'assurance pour compte : le propriétaire seul bénéficie du contrat, comme si l'assurance avait été conclue par lui-même ou en vertu d'un mandat donné par lui.

(1) V. *Cass.*, *Requêtes*, 11 février 1868 (D. 1868. 1, 387).
(2) Boistel. *Droit commercial*, p. 1016, n° 1319.

Il a une action directe contre l'assureur pour le forcer au paiement de l'indemnité ; ces principes que nous posons à nouveau sont certains. Le sinistre arrivé, le souscripteur de la police disparait et le propriétaire seul devient partie au contrat ; si le souscripteur réclame le paiement de l'indemnité, il ne pourra le faire qu'avec l'autorisation expresse du propriétaire en vertu d'un mandat donné par celui-ci.

Mais si le dépositaire s'est contenté de faire assurer la chose du déposant pour son compte personnel et dans son intérêt exclusif, le résultat est tout autre. Il n'a voulu que se prémunir contre la responsabilité que lui imposent les articles 1927 et suivants du Code civil ; il ne s'est pas porté le gérant d'affaires du propriétaire.

L'on peut dire que le dépositaire n'acquiert pas une créance de sommes contre l'assureur ; ce dernier le couvre simplement jusqu'au montant du recours que pourra exercer contre lui le déposant à raison de la perte des objets déposés.

Le jugement que nous critiquons, a oublié ces principes. Car il résulte des termes mêmes de la police que le dépositaire agissait simplement dans son intérêt et celui de ses enfants mineurs. Il n'avait donc nullement entendu faire l'affaire du déposant. En cas de dépôt une assurance de cette nature a simplement pour but de promettre une indemnité à l'assuré soit à raison du préjudice que pouvait souffrir ses propres marchandises soit à raison des poursuites que pourraient exercer contre lui les déposants en vertu de ses obligations comme dépositaire. Donc si le sinistre provient d'un cas fortuit qui est prouvé, le dépositaire n'a aucune action contre l'assureur, puisqu'il ne pourra pas être inquiété par les déposants.

De plus on ne peut admettre que ceux-ci aient la prétention d'exercer une action directe contre l'assureur.

L'on peut invoquer un argument tiré d'un cas analogue à celui du dépôt.

Un locataire s'assure contre les risques locatifs et un sinistre se produit : la jurisprudence constante de la Cour de Cassation (1) décide que l'indemnité dûe par l'assureur ne doit pas être attribuée au seul propriétaire, mais qu'elle forme le gage commun des créanciers du locataire.

Les mêmes raisons de décider s'appliquent ici : le droit du dépositaire contre l'assureur lui est essentiellement personnel ; aucun tiers ne peut l'exercer à sa place, à moins d'une cession ou par application de l'article 1166 du Code civil. L'indemnité représente uniquement la chose assurée et ne lui est pas subrogée : elle reste la propriété personnelle du dépositaire.

En résumé, pour le cas d'assurance simple, l'assu-

---

(1) V. Pardessus, n° 591 ; Aubry et Rau, *Droit civil français*, II, § 261, note 9, p. 608 ; *Cass., Requêtes*, 20 décembre 1859 (D. 1860, 1, 70) ; *Cass., Requêtes*, 31 décembre 1862 (D. 1863, 1, 423).

reur ne connait que le dépositaire et ne s'est engagé qu'envers lui.

Quant au propriétaire, il est et reste étranger au contrat auquel il n'a pas été représenté : c'est pour lu « res inter alios acta (1). »

Au reste la Cour de Cassation (2) a fait justice de la théorie contraire à la nôtre : si le dépositaire est libéré, l'assureur ne doit aucune indemnité et le déposant n'a aucune action directe contre lui.

---

(1) V. en ce sens un arrêt de la Cour de Bruxelles, en date du 23 février 1874 (*B. de M.*, IIe partie, 180). Cet arrêt admet absolument notre théorie. — Mais, sur un autre point, il arrive à une solution antijuridique par une fausse application des principes de la Société : il condamne l'assureur à payer à l'assuré une somme de 50,000 francs pour un préjudice qu'il reconnaît égal à 20,000 francs. Que devient l'idée que l'assurance ne doit jamais être pour l'assuré une cause de bénéfice?

(2) *Cass., Requêtes*, 4 mars 1885 (R. p. 1886, 257).

« Attendu qu'il résulte du jugement attaqué..., que la dame Y... avait contracté cette assurance non pas en qualité de *negotiorum gestor*, mais en son nom personnel et pour dégager sa responsabilité.....

« Attendu... que les défendeurs restés étrangers au dit contrat d'assurances, n'étaient point fondés à réclamer, de leur chef personnel, une indemnité à la Compagnie, à raison de la perte des récoltes déposées chez la dame Y...; que celle-ci, de son côté, ne pouvait exercer de recours contre la Compagnie que dans le cas où elle aurait été tenue d'indemniser les déposants ; que, dans l'espèce, l'incendie, ayant été occasionné par un événement de force majeure, cette obligation n'existait pas à la charge de la dame Y...; qu'alors que celle-ci n'était point tenue envers les défendeurs et n'avait par suite aucune action contre la Compagnie, les défendeurs ne pouvaient, à leur tour, exercer du chef de la dite dame Y... contre la dite Compagnie une action qu'elle n'aurait pu exercer elle-même et dont le principe n'existait pas. »

Cependant M. Labbé a critiqué cette opinion qui ne le satisfait pas (1).

Ce savant auteur déclare que cette solution lui semble peu équitable : l'assureur a promis une indemnité et il a touché des primes. Le sinistre prévu s'est produit et par une distinction juridique entre les intéressés, cet assureur se trouve libéré de la charge de l'indemnité qu'il a promise.

Or, dit cet auteur, le cas en vue duquel l'assureur a promis cette indemnité se trouve réalisé. En effet, l'assureur n'a pas déclaré qu'il assurait, non pas une chose déterminée, mais bien un dépositaire à raison de sa responsabilité ; il n'a pas tenu compte uniquement de la possibilité variable qui pouvait frapper le dépositaire : il a assuré la chose tout comme si cette chose courait les chances générales de destruction ; il n'a nullement modifié ses primes en raison des circonstance. Le sinistre s'est produit et l'assureur doit l'indemnité, contre-partie des primes perçues.

Mais, dit M. Labbé, le dépositaire n'est-il pas tenu de céder l'indemnité qui lui est due au déposant ? Certes et l'on peut invoquer à ce sujet la loi romaine, comme raison d'équité.

Une chose a été vendue, mais elle n'est encore ni payée ni livrée ; d'après le droit romain, elle appartient encore au vendeur. Si elle vient à être endommagée par

(1) Note dans Sirey. 1886, 1, 119 et *Revue Critique*, 1887, 449.

la faute d'un tiers (1) celui-ci doit la réparation du dommage au propriétaire, c'est-à-dire le vendeur; mais l'acheteur simple créancier de la chose ne peut rien réclamer à ce tiers.

D'autre part, le vendeur est libéré de son obligation de livrer la chose, tout en conservant le droit d'exiger le montant du prix de vente; comme il ne souffre aucun préjudice, il n'a aucun intérêt à agir et tout le dommage retombe sur l'acheteur, qui n'a aucune faute à reprocher au vendeur et n'a pas d'action contre le tiers pour lui demander une indemnité; « celui qui a l'action pour « l'exiger n'a pas d'intérêt; celui qui a intérêt n'a pas « d'action »: Mais la vente en droit romain étant un contrat de bonne foi, le vendeur est tenu de céder à l'acheteur son action en réparation du préjudice causé; il ne souffrira donc aucun préjudice (1).

Et M. Labbé veut transporter cette décision en droit français: le dépositaire doit céder son action au déposant contre l'assureur pour le forcer à payer l'indemnité promise: sans cela cet assureur s'enrichirait sans cause, puisqu'il aurait perçu des primes sans être obligé à réparer le sinistre prévu.

M. Labbé appuie son opinion d'un argument tiré de l'article 1935 du Code civil, ainsi conçu : « l'héritier du dépositaire, qui a vendu la chose dont il ignorait le dépôt,

---

(1) V. Inst. Justinien, III, 23, § 3 ; Gaius, Loi, 35, 4, D., de contr. empt., 18, 1 ; Ulpien, 1. 14, D. de furtis, 47. 2.

n'est tenu que de rendre le prix qu'il a reçu ou de céder son action contre l'acheteur s'il n'a pas touché le prix. »

Le dépositaire doit faire tous ses efforts pour faire indemniser le déposant et l'analogie, dit M. Labbé, est entre les deux, cas frappante. L'action que doit céder le dépositaire au déposant, provient dans les deux cas d'un contrat qu'il a conclu dans son intérêt et pour son propre compte; dans les deux cas le déposant qui a été étranger au contrat pourra exiger la cession de l'action pour en profiter.

Des deux côtés le tiers ne paiera que ce qu'il a promis et il le paiera à celui qui, en pure équité, y a droit.

M. Labbé a senti que ces arguments aient été un peu vagues et il a repris sa théorie, en la fortifiant de raisonnements plus précis et plus serrés.

Il part de ce point de vue que l'assurance porte non pas sur la responsabilité du dépositaire, mais bien sur les objets déposés eux-mêmes. Dans la circonstance, et dans tous les cas semblables de la pratique, on peut en voir une preuve dans ce fait que l'assurance porte toujours et sur les marchandises, propriété personnelle du dépositaire et sur les marchandises chez lui déposées. La preuve en est encore que l'assureur perçoit une prime calculée sur la valeur totale du risque sans distinction entre les risques provenant de la responsabilité qui pèse sur le dépositaire et ceux pouvant provenir d'une perte causée par un sinistre quelconque, une perte extérieure, peut-on dire, à celui-ci.

En outre, l'indemnité ne doit pas être un pur gain pour l'assuré et doit aller à celui-là seul qui souffre une perte, au propriétaire des objets sinistrés.

On objecte, dit M. Labbé, que ce dernier est étranger au contrat, qu'il ne peut donc l'invoquer. C'est jouer sur les mots ; car en fait, il a été représenté par le dépositaire, qui contractait dans l'intérêt de sa clientèle.

Le propriétaire ne supporte-t-il pas indirectement la charge des primes ; car le dépositaire, qui les débourse, voit s'élever ses frais généraux et augmente d'autant ses prix de fabrication,

Malgré ces arguments et l'autorité considérable qui s'attache au nom de l'auteur que nous combattons, nous persistons dans notre opinion.

En effet, l'assurance donne droit à une indemnité qui ne doit être versée qu'à celui qui a réellement subi un préjudice. Quelles choses a garanties l'assureur ?

1° Les marchandises qui sont la propriété personnelle du dépositaire. Elles n'ont pas souffert et sur ce point, il n'y a pas de difficulté.

2° Quant aux marchandises déposées, l'assureur n'a entendu vouloir en couvrir la perte que si cette perte engageait la responsabilité du dépositaire. Si celle-ci n'existe pas, si le dépositaire arrive à se libérer de toute charge par la preuve du cas fortuit, l'assureur n'a aucune indemnité à verser.

A l'argument tiré du droit romain, l'on peut répondre

que l'analogie établie entre les deux cas n'est pas absolue.

Il était juste d'éviter une perte imméritée à l'acheteur. Mais dans notre hypothèse la situation n'est plus la même : il ne s'agit pas de savoir qui doit supporter les dommages causés par un tiers. Il s'agit simplement d'appliquer un contrat net et précis, où l'équité n'a rien à voir. Que le déposant se retourne contre le tiers auteur du sinistre, tout comme l'acheteur le fait en droit romain ; il en a le droit. — Mais ici le déposant n'a aucune faute à reprocher à l'assureur qui a rempli toute son obligation, garantir le dépositaire ; et du moment que celui-ci n'est plus en cause, personne ne peut rien réclamer à l'assureur.

L'on objecte aussi qu'en fait, l'assureur n'a pas modifié ses primes, suivant le risque couru ; c'est donc que l'assurance portait sur les objets déposés eux-mêmes.

Mais l'assureur n'avait nullement besoin d'abaisser ou d'élever le taux des primes ; il ne savait qu'une chose : c'est que si un sinistre venait à se produire, il aurait à payer la valeur d'un certain nombre de marchandises. Pourquoi aurait-il modifié ses primes, parce qu'il pouvait avoir à payer une indemnité à des propriétaires différents ? Il n'avait qu'une chose à considérer, le risque couru par les objets assurés.

Reste l'objection tirée de l'article 1935. L'on peut y répondre que l'héritier en vendant la chose confiée à son auteur, n'a fait que remplacer une chose par une autre, une valeur par son prix ; il se produit alors une sorte de subrogation frappée de la même obligation que la chose déposée.

Mais l'indemnité due par un assureur est la représentation de la chose assurée sans lui être subrogée ; car elle constitue une créance personnelle de l'assuré ; c'est un droit propre qui naît avec le sinistre et n'entre qu'à ce moment dans son patrimoine. Soutenir le contraire, c'est créer au profit du déposant un privilège que ne prévoit aucun texte.

En outre, si l'héritier du dépositaire, à défaut de la chose elle-même, ne restituait pas, au moins, le montant du prix de vente ou l'action pour l'obtenir, il aurait un enrichissement sans cause, ce que l'équité ne peut admettre.

Au contraire, le dépositaire qui contracte une assurance veut simplement se prémunir contre la perte qu'il peut éprouver, à raison de la responsabilité qui pèse sur lui. Or, si l'on suppose qu'il n'ait pas pris cette précaution, la preuve du cas fortuit le libère et par là même son garant, l'assureur ; pourquoi alors le déposant viendrait-il invoquer un contrat qui ne le regarde pas, puisqu'il n'y a pas été partie, bien plus un contrat qui n'existe plus, qui est arrivé à son point d'expiration normal, puisque la cause qui lui donnait existence, c'est-à-dire la chose exposée aux risques a disparu, sans que la responsabilité du dépositaire soit mise en jeu ; le contrat s'est achevé par la consommation de l'affaire qui lui avait donné naissance (1).

(1) V. en ce sens un jugement du tribunal civil d'Orléans, du 26 octobre 1889 (Sirey, 1891, 2, 126), qui déclare que l'assuré qui veut faire garantir, outre ses biens personnels, des marchandises appartenant à des tiers, doit en faire l'objet d'une déclaration expresse.

V. également *Nancy*, 7 février 1867 (D. 67, 2, 74) ; *Cass.*, 2 juin 1886 (D. 1887, 1, 30) ; *Valence*, 9 mai 1888, *Journ. Ass.*, 1889, 114).

Contra, *Bourges*, 29 mai 1872 (D. 1873, 2, 171) ; *Cass.*, 8 juillet 1873 (D. 1874, 1, 173) ; *Grenoble*, 12 mars 1883 (D. 1883, 2, 233).

CHAPITRE IX

ATTRIBUTION DU BÉNÉFICE DE L'ASSURANCE POUR COMPTE EN CAS DE FAILLITE DU DÉTENTEUR

Le propriétaire seul peut réclamer le bénéfice de l'assurance. — Différents motifs invoqués pour justifier cette opinion. — On ne peut appliquer l'article 575 du Code de commerce.
Le propriétaire peut réclamer le bénéfice du contrat parce que seul il a été partie au contrat, représenté par le souscripteur de la police.

Nous savons que lorsqu'un dépositaire fait assurer la responsabilité qu'il court, le bénéfice de cette assurance est le gage commun de ses créanciers, parmi lesquels le propriétaire des marchandises déposées ne peut prétendre à une situation privilégiée ; ils viennent tous en concours.

Mais la solution doit-elle être la même lorsque ce dépositaire a contracté l'assurance dans l'intérêt de ses déposants ? Ce dépositaire fait faillite, après l'arrivée du sinistre ; l'indemnité due par l'assureur doit-elle être versée à la masse commune pour être partagée entre tous les créanciers du failli ? Doit-elle au contraire rester le bien exclusif des propriétaires des marchandises déposées ?

A vraie dire, la première opinion n'a jamais été soutenue sérieusement et la jurisprudence est d'accord pour décider que les propriétaires des marchandises assurées pour compte seuls doivent profiter de l'indemnité promise par cet assureur. Les motifs seuls, pour justifier cette opinion, diffèrent.

Une première opinion applique à cette situation l'article 575 du Code de commerce (1).

Cet article décide que, lorsque des marchandises ont été consignées à titre de dépôt chez un individu, qui fait ensuite faillite, si ces marchandises se retrouvent en nature lors de la faillite, leur propriétaire a un droit de

____

(1) V. en ce sens, tribunal de commerce de la Seine, 3 mars 1883 (R. p., 1883, 21). Voici un des motifs de ce jugement :

« Attendu que l'incendie qui a détruit les marchandises avant la faillite de X... ne peut modifier la revendication que peuvent exercer les propriétaires de ces dites marchandises mises en dépôt chez X... pour être pulvérisées, qui n'ont jamais été le gage des tiers ; que la part d'indemnité y afférente est la représentation d'une marchandise qui n'a jamais cessé d'être la propriété des demandeurs qui ont fourni les justifications nécessaires à la Compagnie d'assurances pour en fixer la valeur ; que, dès lors, l'indemnité ne saurait être considérée comme faisant partie de l'actif de X...; qu'elle représente bien la valeur des marchandises en dépôt ; que X... a bien contracté l'assurance au profit des tiers ; qu'en conséquence le syndic doit être tenu d'attribuer à chacun des demandeurs, à titre de privilège, la part d'indemnité représentative de la valeur des marchandises qu'il a confiées à X... et dont il a reçu le paiement de la Compagnie d'assurances. »

revendication, pour se les faire attribuer à l'exclusion de tous autres créanciers.

Cette opinion applique cet article à notre hypothèse ; les marchandises n'existent plus en nature ; mais elles sont représentée par l'indemnité qui leur est substituée; le propriétaire peut revendiquer cette indemnité.

Et ce droit de revendication, attaché à la qualité de propriétaire, est fortifié par un privilège qui passe de l'objet détruit à l'indemnité. Car les autres créanciers n'ont jamais eu comme gage les marchandises déposées; elles ne sont jamais entrées dans le patrimoine du dépositaire et il ne peut y avoir sur une chose un droit plus fort et plus énergique que celui du tiers qui n'a jamais cessé d'être propriétaire ; pourquoi les autres créanciers du failli pourraient-ils venir en concours avec le déposant sur l'indemnité qui représente l'objet du dépôt?

Les motifs sur lesquels reposent cette opinion nous semblent faux.

D'abord on ne peut parler en cette matière de privilège.

Car il est un principe certain, c'est que les privilèges sont de droit étroit et fort étroit; ils ne peuvent être étendus par analogie d'un cas à un autre ; il n'y a pas de privilège sans un texte formel.

Or aucun texte n'accorde un privilège au déposant qui poursuit le remboursement de la chose déposée, lorsque celle-ci vient à disparaître par suite d'un sinistre quelconque couvert par une assurance. Ce raisonnement à lui seul suffirait à condamner cette opinion.

Cependant l'on a cherché un texte et on a voulu le trouver dans l'article 2102-4 du Code civil qui accorde un privilège au vendeur d'effets mobiliers non payés s'ils sont encore en la possession de l'acheteur.

Mais la situation dans les deux cas n'est pas assimilable. Le déposant est resté propriétaire des objets déposés et n'a pas perdu son droit de propriété par le simple fait qu'il a remis, par exemple, des marchandises à un ouvrier pour que celui-ci les façonne.

Au contraire dans l'hypothèse prévue par l'article 2102-4 le vendeur a perdu son droit de propriété et c'est pour lui en tenir lieu que la loi qui désire le protéger lui accorde un privilège. La situation n'est donc pas la même.

L'argument tiré de l'article 575 du Code de commerce n'est pas meilleur ; car il est faux de dire que l'indemnité représente la chose assurée ; elle n'est que la représentation des primes et leur contre partie (1).

Ainsi donc les déposants ne peuvent invoquer ni un droit de revendication, ni un privilège; sur quels arguments faut-il donc s'appuyer pour leur reconnaitre un droit exclusif à l'indemnité due par l'assureur en cas de sinistre ?

____

(1) V. Troplong. *Hypothèques*, t. IV, n° 890 ; Pardessus, *Droit com.*, n° 594, 2° ; Duranton. *Droit civil*, t. XII, n° 182 et t. XX, p. 328 ; Quenault, *Ass. terrestres*, n° 311 ; Grun et Joliat, *Ass. terrestres*, n° 110 ; Alauzet, t. I, n° 115.

En sens contraire, Boudousquié. *Ass.*, n° 317 à 322.

Le dépositaire a contracté une police pour compte; il a donc assuré les marchandises qui appartiennent au déposant; il a fait leur affaire; il tombe en faillite et le sinistre se produit : les déposants seuls auront droit à l'indemnité.

En effet, c'est le déposant seul qui a été partie au contrat, dans lequel il était représenté par le dépositaire; il est donc dans la même situation que s'il avait assuré lui-même ses marchandises; il doit donc être le bénéficiaire unique du contrat; il ne doit avoir à partager l'indemnité avec aucun autre créancier ?

(1) Le jugement précité du tribunal de la Seine fut réformé dans ses motifs par un arrêt de la Cour d'appel de Paris, en date du 29 novembre 1884 (R. p., 1885, 61; *Journal des trib. de com.*, XXXIV, 295; *Journal des Faillites,* 1885, 76).

V. également un arrêt de la Cour de Grenoble, en date du du 12 mars 1883 (*Journal des Faillites,* 1883, 201), qui nie formellement l'existence d'un privilège résultant de l'article 2104, Code civil, ou d'un droit de revendication en vertu de l'article 575 du Code de commerce, puisque les marchandises déposées n'existent plus en nature et que l'indemnité ne représente pas la chose assurée.

Adde, tribunal civil de Charleroi, jugeant commercialement, en date du 15 décembre 1888 (R. p., 1888, 217).

L'on peut consulter, en sens contraire, un jugement du tribunal civil de la Seine, en date du 9 juillet 1874 (*B. de M.,* III° partie, 190). Ce jugement, qui est mal motivé, n'a pas donné lieu à appel; on peut le regretter, dans l'intérêt des vrais principes; il reconnaît bien que l'assurance a été contractée pour compte de qui il appartiendra; mais du fait que le souscripteur de la police a payé les primes et que c'est avec son architecte que l'expertise, relative à l'estimation du sinistre, a eu lieu, il conclut que le souscripteur de la police a entendu uniquement agir dans son intérêt personnel et couvrir sa responsabilité pour le cas où elle serait engagée à raison du dépôt.

Ce jugement nous semble prêter fortement à critique; la responsa-

En outre les autres créanciers du failli ne peuvent se plaindre de cette solution. Les marchandises chez lui déposées n'ont jamais été sa propriété et n'ont jamais constitué leur gage commun.

En effet, si elles avaient encore existé en nature lors de la faillite, le déposant aurait pu les revendiquer purement et simplement et les autres créanciers n'auraient pu s'y opposer.

Mais elles ont été détruites par un sinistre. Si l'on attribuait l'indemnité due par l'assureur à la masse des créanciers, l'on arriverait ainsi à un résultat injuste. L'on enrichirait la somme totale de l'actif aux dépens

bilité du dépositaire était couverte par ce fait qu'il avait déclaré stipuler pour son compte et pour celui de qui il appartiendrait. Mais, dans l'espèce, sa responsabilité n'était pas engagée ; l'assurance pour compte devait donc seule s'appliquer.

Quant à l'argument tiré de ce fait que le dépositaire payait les primes, il est encore moins valable. Nous avons montré que c'est lui qui les doit ; que tant qu'un sinistre ne s'est pas produit, l'assureur ne connaît que lui et que, quand bien même il arriverait à connaître le véritable intéressé, celui-ci aurait le droit de se refuser au paiement des primes. Le fait de leur versement par le souscripteur de la police ne prouve donc nullement qu'il a entendu stipuler dans son intérêt unique.

Enfin, pour ce qui regarde la présence à l'expertise de l'architecte du dépositaire, alors que les dépesants n'étaient nullement représentés, les faits de la cause suffisent amplement à expliquer ce fait. Il s'agissait, dans l'espèce, d'un patron menuisier qui avait fait assurer les outils et établis contenus dans cet atelier ; le sinistre frappa surtout cette dernière catégorie d'objets. Ces ouvriers, d'une part, ne pouvaient pas faire la dépense d'un architecte expert, eux, simples ouvriers ; peut-être aussi, craignaient-ils d'offenser leur employeur par l'envoi d'un mandataire qui aurait contrôlé et discuté les actes de leur patron.

d'autrui, on diminuerait par là le montant du passif et par suite la dette du failli.

Il en résulterait ce fait inacceptable que l'assurance serait pour lui la source d'un bénéfice sur lequel il ne devait pas compter ; les marchandises chez lui déposées n'ayant jamais été sa propriété, il arriverait cependant indirectement à profiter de l'assurance qui les garantissait, en voyant diminuer son passif du montant de l'indemnité, qui serait attribuée à la masse de ses créanciers. Sans la faillite, le dépositaire n'eut jamais pu prétendre au montant de l'assurance ; pourquoi ce fait changerait-il ses droits ? Et l'on peut dire que le déposant n'est pas créancier de l'indemnité mais bien propriétaire, droit opposable à tous.

Nous avons dit que lorsqu'un dépositaire s'était contenté d'assurer sa responsabilité, l'indemnité qu'il touchait en cas de sinistre, était affectée à la masse de ses créanciers ; au contraire, en cas d'assurance pour compte, le propriétaire seul des objets garantis par l'assurance y a droit. Quelle est la raison qui peut expliquer cette différence ?

On peut en trouver la justification dans l'idée suivante : en mettant sa responsabilité à couvert, le dépositaire a entendu agir pour lui seul, dans son intérêt exclusif ; il ne représentait spécialement aucun tiers, il n'était nullement le mandataire d'autrui ; le sinistre arrivé, il est juste que l'indemnité aille grossir son patrimoine, gage commun de ses créanciers.

Au contraire, en cas d'assurance pour compte, le souscripteur de la police entendait agir pour autrui, pour le déposant dont il s'était fait le gérant d'affaires. Il est donc équitable que celui-là seul profite du contrat qui y a été partie ou tout au moins représenté. Or les autres créanciers du dépositaire n'ont nullement été représentés à l'assurance; pourquoi donc en profiteraient-ils?

L'on peut ajouter que dans le premier cas, celui de l'assurance de responsabilité, l'indemnité est due au dépositaire lui-même, alors que dans le second la personne de celui-ci doit disparaître, dès qu'un sinistre s'est produit pour faire place à celle du déposant. Les autres créanciers ne pourraient même pas invoquer l'article 1166 pour toucher cette indemnité à la place du souscripteur de la police; l'assureur refusait de la leur payer; car celui-ci n'en n'est pas créancier.

A cette théorie l'on a fait diverses objections (1). L'on a d'abord invoqué l'article 1122 du Code civil qui décide que l'on est toujours censé stipuler pour soi-même.

Or l'assurance pour compte, avec notre théorie, serait nulle pour défaut d'intérêt, en la personne du souscripteur de la police.

Cet argument ne porte pas. En effet le dépositaire a intérêt à faire assurer pour compte les marchandises chez lui déposées afin d'augmenter sa clientèle en donnant

______

(1) M. Sainctelette, note sous le jugement de Charleroi, précité (R. p., 1888, 217).

aux déposants une sécurité complète pour le cas de sinistre.

Et l'on peut dire que cette stipulation faite pour autrui est efficace ; car la doctrine admet qu'une stipulation de cette nature est valable lorsque le stipulant a un intérêt appréciable en argent à l'exécution de l'obligation prise par l'autre partie (1).

L'on pourrait être tenté de dire qu'en cas d'assurance pour compte, si l'assureur n'a aucun recours contre le souscripteur de la police ; c'est, que l'assureur a entendu garantir la responsabilité du dépositaire ; on rentrerait dans la première hypothèse et l'indemnité devrait profiter au passif de la faillite.

Mais si le souscripteur de la police ne peut être poursuivi par l'assureur, c'est que dans l'esprit des parties, l'assurance porte sur les objets garantis eux-mêmes ; l'assureur s'est engagé à en payer la valeur du moment qu'ils seraient détruits par une cause quelconque ne provenant pas de la faute des parties ; il ne s'agit pas ici d'assurance de responsabilité, mais bien d'assurance directe de la chose même exposée aux risques (2).

---

(1) V. Aubry et Rau, 4ᵉ édition, t. IV, p. 308 *ter* ; Pothier, *Des Obligations*, nᵒ 70 ; Demolombe, *Droit civil*, t. XXIV, nᵒˢ 232 et suivants.

(2) C'est en partant des mêmes principes, à savoir que l'assurance pour compte doit profiter exclusivement au propriétaire des marchandises sinistrées, qu'un jugement du tribunal civil de Lyon, en date du 3 juin 1881 (*B. de M.*, IIIᵉ partie, 276, *Gaz. des Trib.*, 2 avril 1881), a décidé qu'un bailleur de fonds, auquel des marchandises ont été données en gage, peut exiger que le montant de l'indemnité, due

Nous concluons au droit absolu à l'indemnité du propriétaire des objets sinistrés, en cas de faillite du souscripteur de la police pour compte.

à la suite d'un sinistre par une Compagnie d'assurances, lui soit exclusivement attribuée, alors même que ces marchandises ont péri chez un dépositaire, qui les avait fait assurer, et cela à l'exclusion de tous autres créanciers.

CHAPITRE X

DES DÉCHÉANCES EN MATIÈRE D'ASSURANCE POUR COMPTE

L'assureur avant l'arrivée du sinistre peut opposer toute cause de
nullité provenant du fait du souscripteur de la police et de l'assuré véritable.
Des réticences.
Après l'arrivée du sinistre, l'assureur ne peut opposer à l'assuré véritable que les causes de déchéances personnelles à celui-ci et
non celles provenant du chef du souscripteur de la police. — Arrêt
d'Amiens.

L'on sait, que pendant le laps de temps qui s'écoule
entre la souscription de la police et le jour du sinistre,
moment où le nom du véritable intéressé au contrat est
révélé, il n'existe de lien de droit qu'entre le souscripteur de la police et l'assureur; le contrat entre eux seuls
doit produire tous ses effets (1).

(1) Il faut faire une remarque sur ce point à propos de la compensation. Après le sinistre, l'assureur pourra opposer en compensation à
la demande d'indemnité formée par le bénéficiaire, les créances qu'il
a contre celui-ci, sans distinction entre les créances antérieures ou
postérieures au sinistre. Mais cet assureur n'a pas le même droit rela-

De ce principe découlent deux ordres de conséquences.

1° l'assureur peut opposer au véritable intéressé tout acte de nature à causer l'annulation du contrat, toute infraction susceptible d'amener une déchéance. Ainsi par exemple, l'assureur pourra opposer au propriétaire la connaissance qu'avait le souscripteur de la police de la perte des objets assurés lors de la conclusion du contrat (1).

Il pourra opposer aussi l'ignorance où il a été tenu de toute circonstance de nature à augmenter les risques, du fait que le sinistre a été causé par la faute du souscripteur de la police.

2° Le souscripteur de la police est-il tenu du dol du véritable intéressé ? nous ne le croyons pas.

Il est d'abord un point certain : le Code de commerce, dans l'article 368, prononce une peine égale au montant du double de la prime contre celui qui contracte une assurance alors qu'il sait que la chose assurée n'est exposée à aucun risque.

tivement aux créances qu'il a contre l'assuré apparent, parce qu'après le sinistre, la personne de ce dernier disparaîtra ; tout au plus l'assureur peut-il compenser avec l'indemnité le montant des primes dûes et non payées, parce qu'en définitive, l'assuré véritable en doit le montant au souscripteur de la police.

Sur ce point, Devalroger, *Ass. marit.*, n° 1347 ; Arthur Desjardins, *Droit com. marit.*, n° 1331, XV ; Lyon-Caen et Renault, *Droit com.*, n° 2252 ; Cauvet, *Ass. marit.*, n° 115 ; Droz, *Ass. marit.*, n° 81 et 82.

(1) V. Cauvet, n° 85 et 86 ; Droz, n° 80 et 314 ; Devalroger, n° 1531 et 1708 ; Arthur Desjardins, n° 1331 ; Lyon-Caen et Renault, n° 2270 *bis*.

Supposons que le propriétaire de cette chose donne mandat à un tiers de la faire assurer pour son compte et que celui-ci remplisse le mandat. Il est certain que le souscripteur de la police ne doit pas la peine de la double prime. Il n'a commis aucune faute et il a agi en toute bonne foi (1).

Quant au propriétaire, peut-être en fait, échappera-t-il au paiement de l'amende que lui inflige la loi ; car le commissionnaire refusera peut-être de le nommer. Sans cela, il devra payer le montant du forfait auquel le Code estime le préjudice causé. Pour le contrat d'assurance, il sera nul, faute d'objet.

Mais supposons le contrat valable et le véritable assuré commet quelque délit ; il est certain que l'assurance ne peut lui profiter et qu'il ne peut plus en invoquer le bénéfice.

Mais l'assurance est-elle nulle « erga omnes » et n'y aura-t-il aucun tiers qui ne puisse en réclamer la garantie ? Nous ne le pensons pas et nous admettons que si le propriétaire, auteur du dol, a vendu les marchandises assurées, après avoir commis la faute qui annule quant à lui le contrat, le nouveau propriétaire pourra invoquer l'assurance.

En effet, jusqu'au jour du sinistre, l'assureur ne connaît que le souscripteur de la police ; il s'est engagé à payer l'indemnité à celui qui justifierait être, à ce

____

(1) Estrangin, *Cont. d'ass.*, p. 464 ; Dageville, *Code de com.*, t III, p. 348.

moment, propriétaire des choses sinistrées. Qu'importe donc ce qu'ont pu faire les propriétaires intérimaires ; ils n'ont pu nuire qu'à eux-mêmes (1).

Il faut ajouter qu'en fait, s'il s'agit d'une marchandise appelée par sa nature à changer fréquemment de main, il arrivera souvent que l'assureur ignorera les causes de déchéances ; n'apprenant le nom du bénéficiaire qu'au jour du sinistre, il sera peut-être dans l'ignorance de ce qu'auront pu faire les bénéficiaires antérieurs.

Et à ce sujet il nous faut parler des réticences.

L'article 348 du Code de commerce s'applique également aux assurances non maritimes (2).

Au reste l'assurance pour compte ne donne pas lieu à une solution différente de celle des assurances simples.

Si la réticence ou la fausse déclaration a été faite par le souscripteur de la police, le contrat est nul et cette nullité peut être opposée à l'assuré véritable, même si celui-ci n'est pas complice, même s'il a pris soin de renseigner le souscripteur de la police ; il aura simplement un recours contre ce dernier.

A l'inverse la réticence faite par l'assuré véritable

______

(1) V. Trib. com. Havre, 12 décembre 1883, *Recueil Havre*, 1884 ; 1, 18 ; *Conf. Nancy,* 7 février 1867 (D. 1867, 2, 73) ; Cauvet, n° 116, Droz, n° 81.

(2) E. Chavegrin. *Le Droit*, n° du 1ᵉʳ août 1889, article sur les réticences dans les assurances sur la vie ; MM. Lyon-Caen et Renault. *P. de Droit com.*, n° 2260. note 3 ; Adde Rouen, 21 juin 1876, D. 1877, 2. 126.

vicie le contrat même si le fait non déclaré était inconnu du souscripteur de la police (1) ?

Il n'y a pas, en la matière, à parler de bonne ou de mauvaise foi : tout fait non déclaré, susceptible de modifier l'appréciation du risque par l'assureur, permet d'invoquer la nullité du contrat. Peu importe par qui cette réticence a été faite ; la personne du souscripteur de la police et celle de l'assuré véritable se confondent en ce sens que la fausse déclaration de l'un nuit à l'autre.

Mais supposons le sinistre arrivé. La personne du souscripteur de la police disparaît ; il est dégagé de toute obligation ; le contrat ne le regarde plus et tout doit se passer désormais entre le propriétaire et l'assureur. Il ne faut plus parler de mandat, ni de fiction : les véritables intéressés seuls doivent parler.

Ce système qui semble si simple et si juridique, étant donnée la lettre du contrat, a donné lieu à des critiques appuyées surtout sur des besoins pratiques et à une théorie un peu imaginée pour les nécessités d'un cas spécial.

Voici d'abord la critique de notre système :

« Voyez-vous, dit M. Oudiette (2), une police sous-
« crite par une Compagnie de chemins de fer par exem-
« ple et assurant pour le compte de qui il appartiendra,

(1) MM. Lyon-Caen et Renault, n° 1456.
(2) V. M. Oudiette (*Moniteur des Assurances*, 1890, 141, 185 et 452), qui est l'auteur d'articles fort remarquables sur l'assurance pour compte.

« plusieurs millions sur marchandises en cours de route
« ou dans des entrepôts. Un sinistre considérable se
« produit et voilà l'assureur en droit de dire à la Com-
« pagnie de chemins de fer : « Je ne vous connais plus ;
« vous avez stipulé dans l'intérêt des propriétaires de
« marchandises ; c'est donc à eux et seulement à eux
« que j'ai affaire ; j'attends leur réclamation. c'est à eux
« à se mettre en règle à mon égard ». Voilà d'un autre
« côté. ces milliers d'intéressés obligés de procéder à
« toutes les formalités prescrites par la police et de
« prendre toutes les mesures conservatoires de leurs
« droits, déclaration de sinistre, soins à donner au
« sauvetage etc. Voilà enfin l'assureur s'il veut opérer
« régulièrement tenu de convoquer des milliers de per-
« sonnes. de procéder à des milliers d'expertises ! »

Donc, comme le veut l'article 1156 du Code civil
qu'invoque M. Oudiette. il faut appliquer un contrat conformément à la commune intention des parties et non
pas s'en tenir au sens littéral des termes employés : donc
le rôle du souscripteur de la police ne cessera pas avec
l'arrivée du sinistre. il continuera à représenter les parties jusqu'au jour du paiement

Et de fait, en pratique, on applique ce système. Le
souscripteur de la police remplit lui-même les formalités à la charge de l'assuré véritable ; c'est lui seul qui
discute avec l'assureur l'estimation et le règlement des
dommages.

Si le nom des intéressés est prononcé, c'est uniquement afin de permettre à l'assureur de s'enquérir de la réalité du sinistre et des existences à titre d'indication des quantités : le souscripteur de la police fait, en quelque, la comptabilité du sinistre, pour faciliter et contrôler le travail de la Compagnie d'assurances.

Cette pratique se comprend surtout étant donnée la façon dont se contractent les assurances. En fait, il est fort rare que le souscripteur de la police traite directement avec la Compagnie d'assurances ; en général il aime mieux s'adresser à un agent d'assurances.

Il existe dans tous les grands centres des commissionnaires en assurances, dont la profession consiste à mettre en rapport assureur et assuré. Les Compagnies d'assurances sont nombreuses et se font une concurrence acharnée parce que les capitaux engagés sont importants et qu'elles tiennent à servir à leurs actionnaires des dividendes élevés ; elles cherchent à attirer à elles une clientèle nombreuse et pour ce faire, sur le chiffre de la prime, elles font à ces intermédiaires des remises plus ou moins élevées qui constituent leur rémunération.

En outre les questions d'assurance sont chose délicate et les polices commerciales de rédaction difficile. Les compagnies sont âpres au gain, cherchent à payer le moins d'indemnité possible et insèrent dans les polices des clauses fort onéreuses, préparées par un contentieux composé de spécialistes.

Le public a donc intérêt à s'adresser à des spécialistes

pour la rédaction des polices et leur interprétation, surtout étant donné ce fait qu'il peut le faire sans rien débourser, puisque ces intermédiaires sont payés par les compagnies, en proportion du nombre d'affaires qu'ils apportent.

Si un sinistre arrive, en fait ce sera l'agent, comme mandataire qui ira débattre avec la compagnie les intérêts de celui par qui il a fait contracter l'assurance, qui assistera contradictoirement à l'expertise et résistera aux prétentions souvent exagérées de l'assureur (1).

Ainsi donc, en fait, pour le cas d'assurance pour compte, non seulement ce ne sera pas le véritable intéressé qui débattra ses intérêts avec la compagnie, mais ce ne sera pas non plus le souscripteur de la police ; ce sera cet intermédiaire, l'agent d'assurances.

Le système de la perpétuité du rôle du souscripteur de la police, il faut le reconnaître, offre des avantages pratiques considérables ; il évite des frais d'expertise considérables et permet d'arriver à une solution plus rapide des affaires par le système des représentants.

Cette opinion, on l'appuie de considérations et d'arguments juridiques. On part de ce point de vue que l'assu-

---

(1) L'on sait que le Code de commerce reconnaît, en matière maritime, l'existence de courtiers d'assurance, qui partagent avec les notaires le droit exclusif de rédiger les polices d'assurances.

Ces courtiers sont des officiers ministériels, qui signent les polices.

En matière non maritime, la profession de courtier d'assurances est libre. Et l'observation faite au texte, s'applique surtout à ce dernier genre de courtiers.

rance pour compte se rapproche sensiblement du mandat commercial, dont s'occupe l'article 14-1 du Code de commerce ; il est donc naturel de lui en appliquer les règles, tant qu'elles ne sont pas contraires aux principes du contrat d'assurance.

Il est certain que le souscripteur de la police ne peut être considéré comme ayant voulu stipuler par lui-même et s'assurer le bénéfice du contrat. Mais cette idée n'empêche pas d'admettre que le souscripteur a entendu voir durer son mandat jusqu'au moment du paiement de l'indemnité ; il ne serait qu'un mandataire imparfait s'il se contentait de signer la police et disparaissait juste au moment où il peut rendre les plus grands services en défendant les intérêts de ses clients contre les exigences souvent excessives des asssureurs.

Ainsi donc dans ce système, on applique les règles du mandat commercial jusqu'au moment du paiement de l'indemnité. C'est le souscripteur de la police qui continue à être considéré comme le véritable assuré, même après le sinistre ; il en a toutes les obligations.

Mais de la perpétuité de sa mission, il résulte que si d'une part le nom des véritables assurés n'est révélé à l'assureur que pour lui permettre d'examiner la réalité du risque et de fixer le montant de l'indemnité à verser, il résulte d'autre part que le souscripteur de la police n'est déchargé d'aucune des obligations mises à sa charge par la police. Dans le système que nous admettons, une fois le sinistre arrivé, la mission du souscripteur est terminée, le contrat ne le regarde plus ; les droits et les obligations nés du contrat passent sur la tête du véritable intéressé.

Dans l'autre opinion, au contraire, son rôle n'est pas fini et ses obligations continuent ; par suite, c'est lui qui doit arrêter les progrès du sinistre, veiller au sauvetage, assister à l'expertise, prendre toutes les mesures prescrites par la police et faire toutes les déclarations voulues telles qu'affirmation du sinistre devant le juge de paix du canton fixant la valeur approximative du dommage, envoi à l'assureur dans un délai généralement fixé à quinze jours d'un état estimatif et détaillé des objets détruits... etc.

Il est évident que si le souscripteur de la police négligeait ou refusait d'accomplir son mandat jusqu'au bout, les intéressés auraient le droit soit d'intervenir eux-mêmes au contrat, soit de le contraindre à son accomplissement, en vertu des articles 1991 et 2007 du Code civil.

De ce système, il résulte donc que le droit des intéressés à l'indemnité change de nature ; jusque là, il était conditionnel, et subordonné à l'arrivée de cette condition, le sinistre ; maintenant il est à terme. Et ce terme, c'est le réglement définitif du sinistre, le jour du paiement des dommages. Mais, avant cette époque, les intéressés n'ont aucune obligation à remplir.

Ce système fut imaginé par une Compagnie d'assurances pour résister à une demande en paiement d'indemnité formée contre elle et pour pouvoir opposer aux intéressés certaines déchéances encourues par le souscripteur de la police et qui auraient eu pour effet de libérer cette Compagnie.

Voici dans quelles circonstances : un peigneur de laines avait fait assurer pour compte les marchandises que lui confiaient pour être travaillées ses nombreux clients. Un sinistre se produisit et une expertise contradictoire eut lieu.

Or, au cours de cette expertise, les assureurs acquirent la preuve que le souscripteur de la police était de mauvaise foi et cherchait à les tromper. D'abord il exagérait de beaucoup le chiffre du dommage réellement subit ; en outre, dans l'état estimatif par lui fourni, il comptait comme détruites des marchandises qui n'étaient pas dans ses magasins au moment du sinistre. Et à l'appui de ses dires, il présentait des documents falsifiés ou même établis pour les besoins de la cause, telles que factures majorées, fausses lettres de voiture, etc. De plus certains dépositaires s'étaient rendus complices de ces diverses fraudes.

Les assureurs, pour éviter le paiement d'aucune indemnité, vinrent invoquer le système que nous venons d'exposer contre les prétentions des assurés qui n'avaient point participé à la fraude. Pour les autres, ainsi que pour le souscripteur de la police, aucun doute ne pouvait s'élever : ils étaient déchus du bénéfice du contrat.

L'assurance pour compte, dirent les assureurs, ne permet certes pas au souscripteur de la police de toucher le montant de l'indemnité ; mais il n'en est pas moins certain que celui-ci joue le rôle d'un commissionnaire dans les termes de l'article 94-1 du Code de Commerce.

De ce point de départ, il résulte que celui-ci continue à représenter les intéressés jusqu'au jour du paiement de l'indemnité. Par suite, toute cause de déchéance encourue par lui pourra être opposée par l'assureur aux intéressés, de même que ceux-ci profiteront de tout acte avantageux accompli par ce souscripteur.

Dans l'espèce, les intéressés même non complices de la fraude ne pourront profiter de l'assurance qui est annulée par la faute du souscripteur (1).

(1) Ce système fut condamné par la Cour d'Amiens, le 10 juin 1867 (*Journal des Assurances*, 1888, 101 et D. 1889, 2, 177).

Les assureurs avaient aussi essayé de nier à l'intéressé le droit à une action directe en dommages-intérêts. Ils ont été, à juste titre, déboutés sur ce point ; le fait qu'ils avaient pris part, sans réserve, à l'expertise, supposait de leur part renonciation au droit de contester le bien fondé de cette action, du moment qu'ils connaissaient déjà la fraude qui entachait le contrat.

Nous citons cet arrêt, fort important, qui a influencé beaucoup la pratique des affaires.

L'arrêt commence par constater que X... a accompli toutes les formalités mises à sa charge ; puis l'arrêt ajoute :

« Considérant qu'il importe peu de rechercher si l'assurance pour qui il appartiendra se rattache au contrat de commission, à une gestion d'affaires, ou si elle constitue une stipulation pour autrui dans le sens de l'article 1121 du Code civil ; que ce qui domine, en effet, dans les contrats, c'est la commune intention des parties, lorsqu'ils n'ont rien de contraire à loi ;

A notre avis la cour d'appel a bien jugé et nous nous rallions absolument à son opinion.

« Considérant qu'en introduisant dans leurs polices la stipulation « profit des tiers éventuels », les compagnies ont nécessairement entendu, comme les souscripteurs eux-mêmes des polices, que le sinistre arrivant, les tiers pussent, si la police est encore en vigueur, réclamer les droits que le souscripteur a voulu leur assurer, et ce au même titre que celui-ci pour les objets lui appartenant ; qu'il leur suffit, au moment du sinistre, de se faire connaître et de justifier de leur droit de propriété ;

« Considérant qu'ainsi interprétée, la stipulation dont il s'agit ne saurait être assimilée à un contrat de commission ; qu'elle constituerait plutôt la gestion d'affaires ; qu'en tout cas, elle satisfait aux conditions prévues par l'article 1121 du Code civil ; que les Compagnies d'assurances ne sauraient se prévaloir de ce que les tiers ne seraient pas nommément désignés dans le contrat, sans en méconnaître profondément le sens et la portée ; qu'en effet, étant donné le mouvement des marchandises à façonner, provenant de propriétaires divers, se renouvellant sans cesse, l'état des intéressés est essentiellement variable ; qu'il est impossible de déterminer à l'avance quels seront, au moment du sinistre, les propriétaires des laines en cours de peignage, dans les locaux désignés dans la police ;

« Considérant que si, en certains cas, la personne assurée peut être une des considérations de la police, c'est la chose elle-même qui en constitue la substance ; que les Compagnies sont d'autant moins fondées à opposer aux tiers le défaut de désignation spéciale de leurs personnes que la rédaction de la stipulation « pour compte de qui il appartiendra » est leur propre fait et que son introduction dans les polices d'assurances leur a permis d'étendre leurs opérations ;

« Considérant d'ailleurs que dès le début des opérations, les Compagnies appelantes ont accepté l'intervention des tiers propriétaires et spécialement celle de l'intimé. »

L'arrêt constate le bien fondé de l'action de l'intéressé au contrat, résultant de la présence d'un expert de la Compagnie aux débats. L'arrêt continue sur le point spécial qui nous occupe :

« En ce qui touche le moyen tiré de ce que les déchéances encourues par X... sont applicables à X...

« Considérant que, quelles qu'aient été les fraudes imaginées par X... avec la complicité de certains tiers assurés ou de leurs préposés

Nous allons tâcher de réfuter les arguments qui nous sont opposés.

D'abord au point de vue équité, le système des compagnies d'assurances nous semble peu admissible. Comment, l'on opposerait à un tiers des fraudes commises par le souscripteur de la police ! Celui-ci dans son intérêt personnel, d'autres assurés pour toucher une indemnité plus considérable, exagèrent le sinistre ; et ces dols viendraient nuire à un intéressé, qui, lui, est indemne de toute fraude ! Ce résultat serait souverainement injuste.

En effet, si l'on suppose que les exagérations commises par le souscripteur de la police restent ignorées,

pour exagérer l'importance de la perte, elles ne peuvent atteindre que X... et les tiers et non l'intimé qui, tant par ses préposés que par lui-même, y est resté complètement étranger ;

« Considérant qu'il n'existe d'ailleurs, entre X... et l'intimé aucun lien de nature à faire peser sur ce dernier les conséquences de ces fraudes ; qu'on objecte en vain que les fraudes de X... lui ayant fait perdre le bénéfice de l'assurance, les tiers pour lesquels il a stipulé seraient, comme lui, déchus des avantages de la police ;

« Considérant, en effet, qu'il en pourrait être ainsi, au cas seulement où la police aurait été nulle à l'origine, ou si, avant le sinistre, X... en avait perdu le bénéfice, soit en n'acquittant pas les primes, soit en violant les clauses de son contrat ; mais qu'il importe de constater qu'au moment du sinistre, les polices avaient conservé toute leur action ; que dès ce moment le droit des tiers à une indemnité s'étant ouvert à leur profit, distinctement de celui de X..., pour la portion de l'assurance le concernant personnellement, ne pouvait plus être compromis par les faits personnels de ces tiers ou de ceux de leurs préposés. »

L'arrêt, après avoir constaté que les fraudes ne s'appliquent pas aux marchandises de l'intimé, met l'appellation à néant.

les intéressés toucheront une indemnité à laquelle ils n'ont aucun droit ; mais qu'importe au propriétaire de bonne foi : son indemnité personnelle ne sera pas par ce fait augmentée. Pourquoi la fraude commise par des tiers lui nuirait-elle ? C'est, l'on peut dire « *res inter alios acta ;* cela ne le regarde pas ; pourquoi, des faits auxquels il est resté absolument étranger, pourraient-ils être pour lui une cause de perte, en le privant de tout droit à être indemnisé ?

Bien plus, ce système ouvre la porte à la fraude ; que l'on suppose un assureur faisant de mauvaises affaires et désireux d'éviter le versement d'une grosse indemnité ; il n'aura qu'à s'entendre avec le souscripteur de la police qui, intentionnellement, commettra quelque faute, amenant l'annulation du contrat. Et il ne restera au malheureux propriétaire que la ressource assez maigre de la preuve de la collusion, preuve toujours difficile à administrer.

Quant à l'argument tiré des nécessités de la pratique, nous estimons qu'il n'a aucune valeur juridique. Cette objection s'adresse au législateur, mais ne doit jamais influer les décisions de l'interprète qui doit uniquément appliquer la loi et non la faire.

Mais les parties n'ont qu'à s'en prendre à elle-même de leur manque de prévision. Elles n'ont qu'à songer à insérer dans le corps de la police, comme le font depuis l'arrêt de la cour d'Amiens toutes les compagnies d'assurances terrestres, une clause qui étende les pouvoirs du souscripteur de la police, clause ainsi conçue : « en cas de sinistre, le règlement amiable ou judiciaire des dommages-intérêts doit être effectué avec le souscripteur de la police seulement ; les tiers appelés à bénéficier de l'assurance ne pourront que réclamer l'indemnité ainsi fixée, et encore à la condition de subir toute réduction ou déchéance encourue par le souscripteur de la police même après le sinistre, le contrat étant réputé indivisible jusqu'au paiement de l'indemnité. »

Le système que nous combattons invoque ensuite l'article 94-1 du Code de Commerce. Mais sur ce terrain il doit être encore repoussé. Même après le sinistre, le souscripteur doit continuer à agir, comme par le passé, pour le mieux des intérêts des tiers ; soit, admettons le.

Mais cette opinion oublie un point important ; après le sinistre, ce souscripteur a dû nommer le véritable intéressé. Et cette désignation change complètement la nature du contrat : l'on n'est plus en présence d'un contrat de commission, mais bien d'un mandat ; ce n'est plus le paragraphe premier de l'article qu'il faut appliquer, mais bien le paragraphe second qui renvoie aux articles 1984 et suivants du Code civil.

En effet, lorsque le souscripteur de la police a conclu le contrat d'assurance, l'assureur ne connaissait que lui et avait confiance en son crédit. Arrive le sinistre ; l'assureur connaît l'assuré véritable : le commissionnaire devient un mandataire. Car l'on admet que lorsque le commettant a autorisé le commissionnaire à le nommer, les effets de l'opération se produisent directement entre lui et le tiers, avec lequel elle a été faite, comme en matière de mandat.

Or il est certain que le mandataire ne peut rien faire au delà de ce qui est porté dans son mandat et le mandant n'est pas tenu des fautes qu'a pu commettre le mandataire au delà de son mandat ; l'intéressé à l'assurance ne doit donc pas souffrir des fraudes commises par le souscripteur de la police, postérieurement au sinistre.

Cette théorie ne contredit pas la pratique et lui vient même en aide. Si le souscripteur de la police vient à l'expertise, c'est qu'il est resté en possesion de la police, comme mandataire des intéressés. Que ne dit-on aussi que la fiction continue même après le paiement de l'indemnité, puisqu'en fait il arrive souvent que le souscripteur de la police en touche le montant. C'est donc qu'il le fait en vertu d'un mandat qui a commencé au jour du sinistre.

Admettre le système contraire, c'est trop favoriser les Compagnies d'assurances, en leur permettant d'invoquer et les causes de déchéance propres au souscripteur de la police et celles résultant de faits accomplis par le véritable intéressé au contrat.

En résumé, nous dirons ceci : avant le sinistre, le souscripteur de la police est seul en cause et tout acte qu'il accomplit nuit ou profite aux intéressés. Mais une fois le sinistre arrivé, il devient un mandataire ordinaire qui, s'il outrepasse son mandat, ne peut être la cause d'aucune déchéance pour les propriétaires des objets sinistrés :« *qui excessit fines mandati aliud qui facere videtur* ». L'assureur ne pourra donc opposer au propriétaire que les déchéances personnelles à celui-ci.

Vu Le Président de la Thèse

CH. MASSIGLI.

Vu Le Doyen,

GLASSON.

Vu et permis d'imprimer :

Le Vice-Recteur de l'Académie de Paris,

GRÉARD.

TABLE DES MATIÈRES

Assurance pour compte de qui il appartiendra

CHAPITRE Ier

CAS D'APPLICATION DE L'ASSURANCE POUR COMPTE

Le souscripteur ne traite pas dans son intérêt, mais en vue de celui du propriétaire; exemple : le commissionnaire. — Le propriétaire peut avoir intérêt à ne pas être connu. — Cas du détententeur de la chose d'autrui, ouvrier à façon, dépositaire, manufacturier. — Situation du courtier de commerce. — Considérations générales sur l'assurance pour compte 7

CHAPITRE II

NATURE JURIDIQUE DE L'ASSURANCE POUR COMPTE

L'assurance pour compte n'est pas une stipulation pour autrui ; opinion de M. Lambert. — Elle n'est pas une application du contrat de commission, comme le veut M. Troplong, ni du contrat de gestion d'affaires. — C'est un contrat particulier. — Validité de la clause 14

CHAPITRE III

EFFETS DE L'ASSURANCE POUR COMPTE

Trois périodes à distinguer :
§ 1er. — La première période va du jour de la signature de la

CHAPITRE IV

DE L'ASSURANCE POUR COMPTE CONTRACTÉE PAR UN TIERS SANS MANDAT

CHAPITRE V

DE LA TRANSMISSION DE LA POLICE POUR COMPTE

CHAPITRE VI

CONCOURS DE PLUSIEURS ASSURANCES

BUZANÇAIS (INDRE), IMPRIMERIE DEVERDUN & JAGUIN

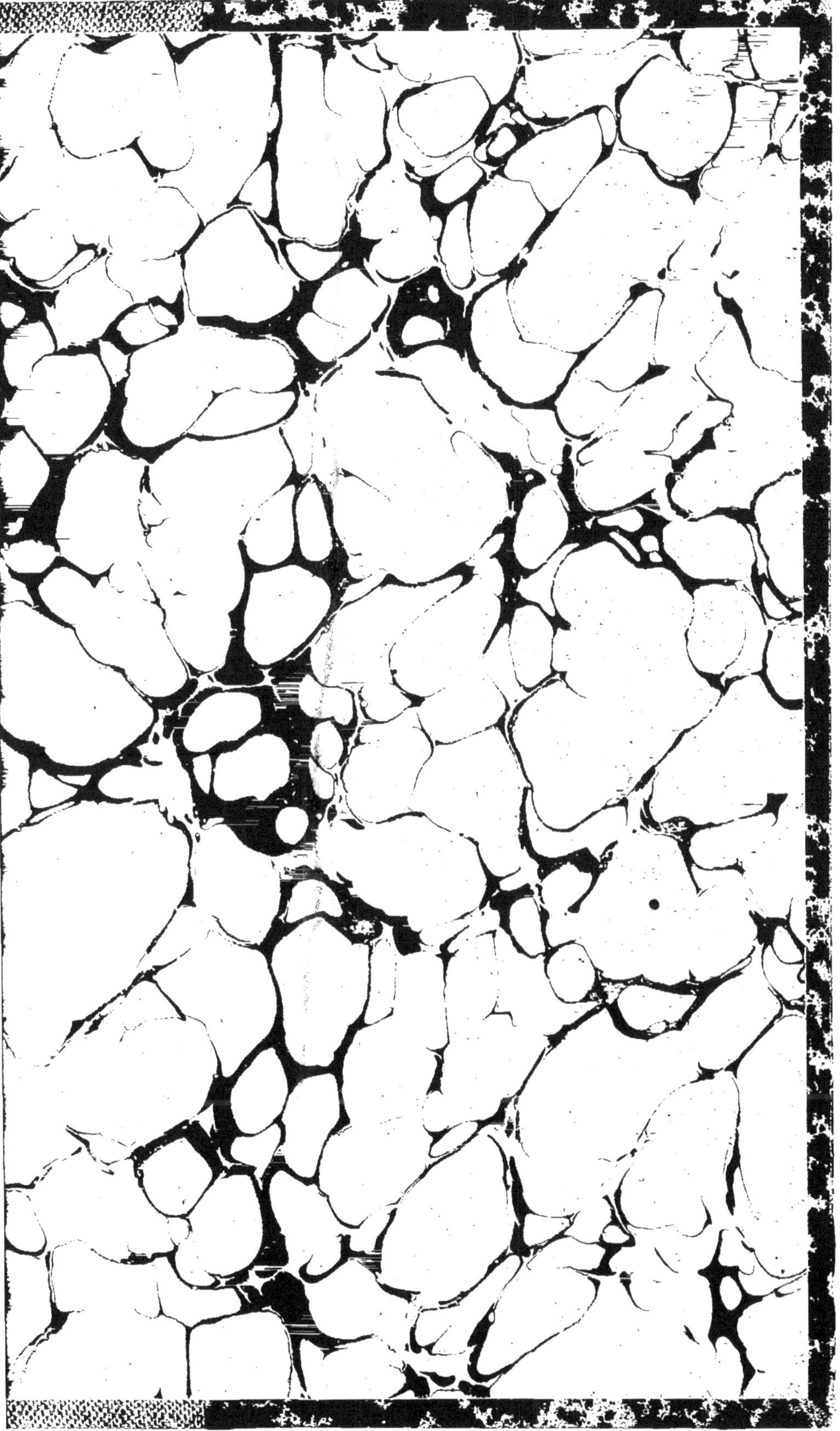

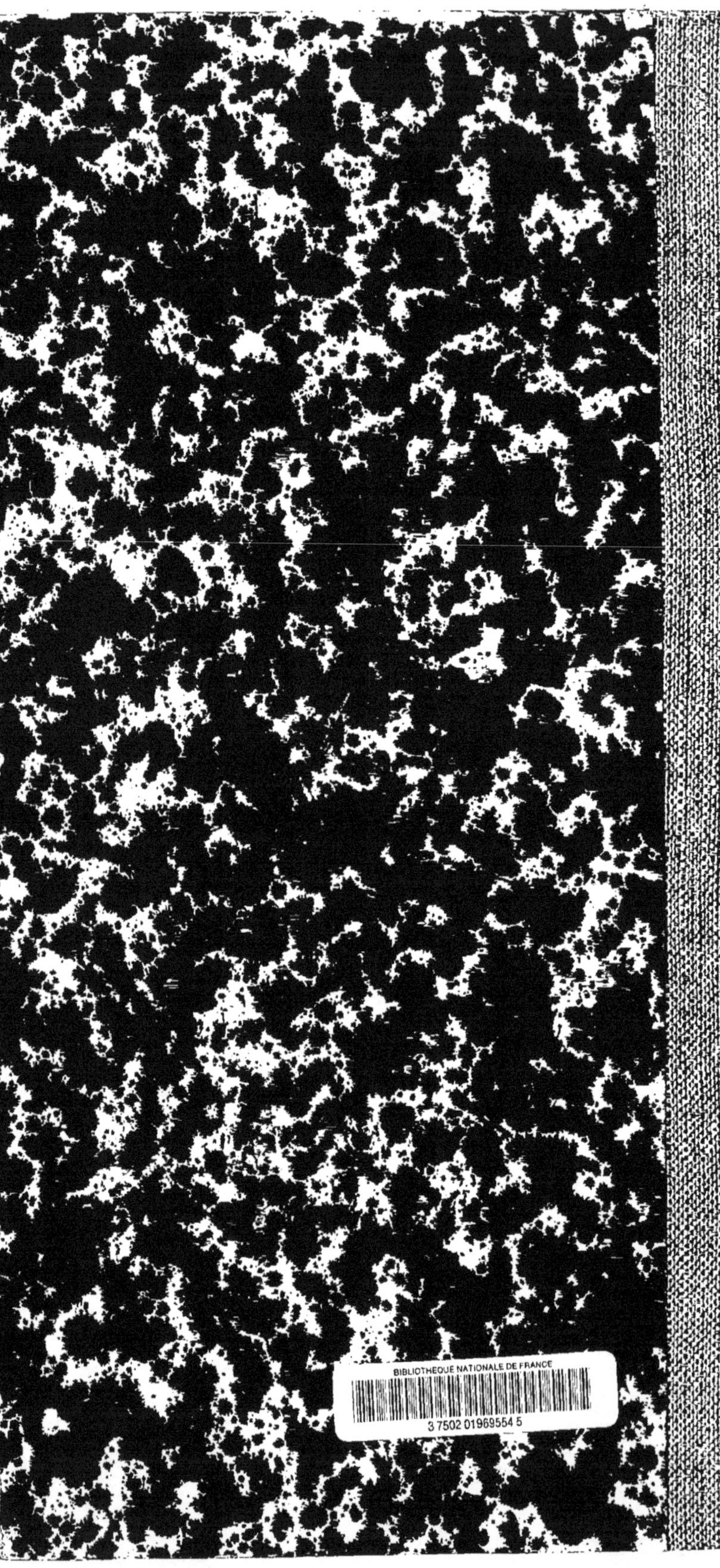

9 782014 445138